国际货币政策协调研究：多国博弈的视角

杜文洁　著

对外经济贸易大学出版社
中国·北京

图书在版编目（CIP）数据

国际货币政策协调研究：多国博弈的视角 / 杜文洁著. —北京：对外经济贸易大学出版社，2016. 5
ISBN 978-7-5663-1563-2

Ⅰ. ①国… Ⅱ. ①杜… Ⅲ. ①货币政策-国际经济协调-研究 Ⅳ. ①F821. 0

中国版本图书馆 CIP 数据核字（2016）第 055850 号

国际货币政策协调研究：多国博弈的视角

杜文洁 **著**
责任编辑：汪 洋 郭 巍

对 外 经 济 贸 易 大 学 出 版 社
北京市朝阳区惠新东街 10 号　　邮政编码：100029
邮购电话：010-64492338　　发行部电话：010-64492342
网址：http://www.uibep.com　　E-mail：uibep@126.com

北京九州迅驰传媒文化有限公司印装　　新华书店北京发行所发行
成品尺寸：170mm×240mm　9.5 印张　176 千字
2016 年 5 月北京第 1 版　　2016 年 5 月第 1 次印刷

ISBN 978-7-5663-1563-2
定价：38.00 元

摘　要

在当今科技条件下，经济全球化是世界经济发展的客观进程。生产全球化、贸易全球化及资本全球化，使各国经济紧密联系，世界经济体相互依存关系不断加深，一国的经济波动在短期内都可能通过溢出效应传递给其他国家。与此同时，各国在制定和实施货币政策方面，也会有一定程度的相互影响。因而，单单依靠本国的货币政策已不能实现国内外的经济均衡。基于此，各国在实现自身内外均衡目标的进程中，不能仅仅只考虑本国的利益，孤立地制定和实施经济政策，故国际货币政策的协调变得日益紧迫和重要。

改革开放三十多年来，我国与其他国家的相互贸易和投资有了很大的发展，加深了经济融合的程度。货币政策间的溢出效应逐渐加大，一方面，其他各国制定的货币政策会影响我国的经济发展；另一方面，我国的货币政策也会对其他国家产生影响。这就使得我国政府在制定经济政策时，只使用国内的货币政策是很难达到预期的经济目标的。所以，必须加强国际货币政策协调，在协调中确定自己的目标，在坚持原则的基础上，力争获取更多的利益。

本书基于此背景，以国际货币政策博弈理论为主线，从协调的历史发展角度，探讨了国际货币政策协调的发展状况，通过构建多国博弈理论模型，以欧元区内部货币政策协调经验为例，对其进行检验，并对后金融危机时代的世界各国货币政策协调的现状以及趋势发展进行分析，通过讨论，试图得出一定的经验规律，以便为今后中国参与国际货币政策协调作指导。中国作为当今最大的发展中国家，也应借鉴和学习欧盟等国家的政策协调机制，为经济稳步发展打下良好基础。目前，中国正处于结构转型、促进经济增长时期，合理有效地与其他国家进行政策协调，对稳定和发展中国经济有长足深远的影响。

本书共分为六章。第一章为导论，对目前国内外学者研究此问题的文献进行梳理总结，从政策协调的必要性到协调的理论模型、实证检验结论都进行了回顾，并概括了本书的选题背景及实际意义、研究思路、方法、创新点以及不足等。

第二章对国际货币政策协调的历史及理论机理进行回顾，包括总结它的内涵定义、历史发展状况。其内涵包括了货币政策协调的定义、政策协调的形式及政策协调的目标。同时，对历史演进中从国际金本位制度起，到目前的浮动汇率制下世界主要国家的经济政策协调进行梳理，并对当时一些学者提出的各种政策协调方案进行描述和评论。此外，还探讨了国际货币政策的博弈理论模型，从国际相互依存理论、博弈理论两个角度出发，分析了目前国际货币政策协调理论研究的进程及其经验总结。

第三章根据假设条件，构建了一个多国的博弈理论基础模型，解释了变量间的关系，并考虑到外部冲击，在非对称冲击与对称性冲击的背景下，对这两种情况的宏观经济政策协调进行了研究分析，比较非合作的纳什均衡、斯塔克伯格领导者均衡以及效率均衡三种方式，求解出均衡方程组的解，最后得出相关的最优结论，并就这三种情况下的效果进行了评价。

第四章是实证检验部分，欧盟区域经济政策协调的实践已走到世界的前列，因而本章首先介绍了欧盟内部经济政策协调的历史背景及发展，继而运用欧盟内部宏观经济政策协调经验为例，分析与检验了之前的多国博弈理论模型，比较非合作的纳什均衡、斯塔克伯格领导者均衡以及效率均衡三种方式，最后通过劳动力趋同检验和 HP 滤波检验，对欧盟内部货币政策协调的效果进行评价。

第五章对后金融危机时代国际宏观经济政策协调的现状与发展趋势进行分析，通过建立的多国博弈理论模型与 HP 滤波作为工具，对后金融危机时代国际货币政策协调的现状与发展趋势进行讨论与评价，并提出阻碍后金融危机时代国际货币政策协调的四个因素。

基于第五章的博弈分析及效果评价，第六章得出适合中国参与后金融危机时代的政策协调的经验借鉴与构想，包括中国参与货币政策协调的战略选择与对策。

本书的创新点如下：首先从研究视角来看，系统地梳理了国际货币政策协调的历史，分析其理论的来源，并从博弈的视角构造了一个一般的政策协调理论模型。迄今为止，从博弈的角度来探讨关于国际货币政策协调历史发展的文献较少，研究的视角较新，现有的研究往往是作为实证研究的一部分出现的。

其次从研究工具来看，采用了博弈论作为工具方法。国际货币政策协调问题的发展，曾在 20 世纪 80 年代成为国内外经济学家关注的问题之一，但后来经验证明协调的收益很小，就逐渐沉寂，到近几年又成为了研究的焦点。由于考虑了预测的变化和不确定性因素，政策协调模型的构建越来越复杂。而本书则根据假设条件，构建了一个多国的博弈理论基础模型，解释了变量间的关系，并考虑到外部冲击，在非对称冲击与对称性冲击的背景下，对这两种情况的宏观经济政策协调进行了研究分析，比较非合作的纳什均衡、斯塔克伯格领导者均衡以及效率均衡三种方式，得出相关的最优结论。

最后从对策建议来看，结合了实际经济形式发展动态。现有的研究较少联系目前经济形势的发展动态，而笔者考虑到美国次贷危机及欧债危机后欧盟内暴露出的政策协调问题，据此讨论对中国的借鉴作用及应对措施。随着经济全球化趋势的增强，中国作为发展中国家中的大国，不可能封闭起来，而是要积极地投入到全球化的洪流中，抓住机遇，勇于迎接挑战。随着改革开放的深入，中国需要与国际制度接轨，在制度、规范上与世界主流融合。但是，中国毕竟是发展中国家，经济实力与发达国家相比还有很大的差距，这就使得中国在与其他国家进行贸易往来中，会出现一些利益冲突，处于一种两难困境：一方面要参与国际制度，另一方面在参与中可能使国家对经济的控制力下降，甚至主权受到冲击，安全受到威胁。因而，需要根据本国的经济状况，充分考虑其他经济体的影响，权衡利弊得失，然后再进行决策。

对于国际货币政策协调研究，许多学者得出了极富建设性的研究成果，但多偏向于理论，而货币政策协调在很大程度上是一个实践性的、前瞻性的问题，因而必须承认，在这个问题上，还需做更多的理论探索与实践检验。总之，研究后经济危机时代经济政策协调制度的发展，目的就是为了给我国经济发展以借鉴和指导，更好地融入参与到国际经济潮流中，为未来的宏观经济政策协调提供一些启示。

关键词： 后金融危机时代；国际宏观经济；货币政策协调；博弈；欧盟

目　　录

第1章　导　　论

1.1　选题背景及研究意义

在当今科技条件下，经济全球化是世界经济发展的客观进程。生产全球化、贸易全球化及资本全球化使各国经济紧密联系，世界经济体相互依存关系不断加深，一国的经济波动在短期内都可能通过溢出效应传递给其他国家。与此同时，各国在制定和实施货币政策方面，也会有一定程度的相互影响。因而，单单依靠本国的货币政策已不能实现国内外的经济均衡。基于此，各国在实现自身内外均衡目标的进程中，不能仅仅只考虑本国的利益，孤立地制定和实施经济政策，故而国际货币政策的协调也变得日益紧迫和重要。

回顾历史进程中的几次经济危机，如20世纪90年代的墨西哥金融危机、1997年的亚洲金融危机、1998年的俄罗斯金融危机以及1999年的巴西金融危机，虽然这些国家爆发经济危机的原因既有经济结构、负债规模、负债比例、经济政策等内因，也有盲目的国际贷款、国际游资的冲击和国际货币基金组织的局限等外因，但是，必须承认，各个国家间也缺少必要的国际货币政策协调，宏观协调的缺乏对危机的产生甚至是加重具有不可推卸的责任。尤其是在2008年以来，美国的次贷危机逐渐演变为世界性的金融危机，全世界的经济进入衰退阶段，世界各国应如何通过经济政策等工具的协调来恢复本国经济和使世界经济走出困境，也逐渐成为人们广泛关注的热点问题之一。

2008年随着美国次贷危机的爆发及扩散，欧债危机随即拉开序幕，经济危机引发了大规模国际货币政策协调。协调行为空前频繁，主要发达国家就接管受困金融机构，应对广泛的流动性短缺以及实体经济复苏方面进行了广泛的政策协调：为挽救陷入财务危机的银行，帮助其渡过难关，除继续降息、注资外，以银行国有化或准国有化为核心的政策措施相继出台；国际货币基金组织（IMF）开展了对发展中国家及新兴市场国家的危机救援，欧洲金融稳定基金（EFSF）扩容能避免债务危机进一步扩大到其他欧洲国家，发展中国家在政策协调过程中起到了重要的作用，并得到许多国家的认可。货币政策协调作为缓解危机的策略，短期内在一定程度上重塑了市场信心，延缓了金融危机蔓延，但是其暴露出的缺陷和不足也说明了改革与完善国际货币政策协调机制的必要。

次贷危机对全世界经济和政治造成了严重的影响，西方经济巨头悉数倒地，一些国家至今还未走出经济衰退的阴霾。后经济危机时代背景下，世界经济持续低迷，全球一体化也导致越来越多的经济体间相互依存，相互影响，各国都不应该孤立地制定本国货币政策，而应联手加强经济协调，以充分应对外部冲击对本国经济的影响，缓解本国经济不利影响，因此，国际货币政策协调具有非常重要的作用。

如今，在全球经济一体化形势下，国际贸易一体化发展较快，国家间经济广泛合作、紧密联系，以跨国公司为载体的跨国经济活动逐渐扩大，各国也从世界经济贸易活动中获得了许多利益。但同时，也凸显了一些问题：一方面，信息不对称造成的交易成本阻碍了经济一体化；另一方面，生产要素在各国间自由流动使各国间经济具有很大程度的依赖，并且加大了政策协调的溢出效应，这对国际货币政策协调的稳定预期与信任提出了更高要求。为了能够很好地解决这些问题，把握好经济一体化全球化的进程，就需要对国际货币政策协调领域进行深入的研究。

目前为止，国际经济政策协调的方式仅限于霸权稳定式与国际经济组织两种方式，而宏观货币政策协调的实践还不完善，有待于进一步发展。学者们对国际货币政策协调理论展开了热烈的探讨，他们从相互依存理论和博弈论两方面出发，进行了探讨和分析，但并没有对经济融合过程中呈现的各种政策制度安排提供一种分析的理论框架。为了能对全球经济一体化进程中经济政策协调的内在运行和发展规律有较为准确、透彻的把握，就需要对国际宏观货币政策协调进行深入的研究。

改革开放三十多年来，我国与其他国家的相互贸易和投资有了很大的发展，加深了经济融合的程度。货币政策间的溢出效应逐渐加大，一方面，他国的货币政策会通过一系列传导机制影响我国的金融经济形势；另一方面，我国的货币政策也会对其他国家产生影响。这就使得我国政府在制定宏观货币政策时，只使用国内货币政策是很难达到预期的经济目标的。所以，必须积极参与国际货币政策协调，在协调中确定自己的目标，在坚持原则的基础上，力争获取更多的利益。中国作为当今最大的发展中国家，也应借鉴和学习欧盟等国家的政策协调机制，为经济稳步发展打下良好基础。目前中国正处于结构转型，促进经济增长时期，合理有效地与其他国家进行政策协调，对稳定和发展中国经济有长足深远的影响。

1.2 研究现状与文献综述

迄今为止，国内外学术界对国际宏观货币政策协调的研究颇多，也有一些经济学者对协调政策的理论基础和发展进行了较为系统的研究。但是目前仅就笔者掌握的情况看，国内外对于宏观货币政策协调的收益、制度安排和后危机时代理论应用的研究尚较为薄弱，政策协调研究散见于机制传导、博弈理论的研究中。

国家间进行国际宏观货币政策协调的历史可以追溯到 1925 年。当时英国在美联储的支持下，重返金本位制度，伴随着世界经济大萧条和布雷顿森林体系的建立，政策协调机制被打破。近几十年来，随着全球经济一体化的进程加快，各国间经济依存度也逐年上升，国际货币政策协调已成为宏观经济学研究的重要领域。然而，早在几十年前，对于是否有必要进行国际宏观货币政策协调操作，学术界曾持有不同的意见。

1.2.1 国际货币政策协调的必要性

20 世纪布雷顿森林体系后期，芝加哥学派坚称，一国只要采用弹性汇率机制，就能够有效地避免受到国外经济体的影响。因而，他们认为，一国央行完全没有必要对外汇市场进行干预或者与他国进行国际宏观货币政策协调，而最需要的仅仅是实施弹性汇率制度而已。Vauble（1983）也认为在当前的国际环境中，似乎没有必要进行国际货币政策协调，因为协调反而使各国的自由竞争程度降低，而且容易存在通胀的风险；同时，由于人们预期的作用，也极大地降低了货币发行当局——政府的可信程度。

随着布雷顿森林体系的倒下，经济学家和政策决策者开始面临国际货币政策协调的问题，坚持弹性汇率制度最具优越性的芝加哥学派受到越来越多经济学家的质疑。哈马达（Hamada，1974、1979）、Oudiz 和 Sachs（1984）、Canzoneri 和 Gray（1985）引入了第一代博弈理论模型，认为国际货币政策间的协调能带来积极的效应，有利于稳定一国经济。尽管如此，芝加哥学派却认为，这些旧凯恩斯模型虽然能提供一个合理的理论来解释国际货币政策协调，但从政策协调获得的收益相当小（McKibbin，1997）。Feldatein（1988）也曾指出："我从不相信国际经济政策协调能够带来益处，相反其是更富于风险的，而且我们不应过多地关注宏观经济政策协调，因为这会使得本国政策的制定被忽视。"

随后奥伯斯法尔德（Obstfeld）和罗格夫（Rogoff, 2002）、Corsetti 和 Pesenti（2001）等介绍了新一代政策协调模型（NOEM），这些新凯恩斯模型加入了最优化家庭和企业、跨期分析、垄断竞争等微观因素综合讨论，结果却令人难以相信。奥伯斯法尔德（Obstfeld）和罗格夫（Rogoff，2002）认为，各个国家既定的收益不会因为缺少国际货币政策协调而大量减少，作者最后反问道："我们是否真的需要国际宏观货币政策协调？"答案可能是否定的。由此可见，国际宏观货币政策协调的必要性仍是一个开放性的问题。

针对以上学者的怀疑，Kenen（1990）通过几年的深入研究，对此表示出相反的看法，他提出："当在浮动汇率制度下，若各国的 GDP 规模较小，那么各国自定各自经济政策是较为合理的选择。但是当其 GDP 上升为大国规模时，各国间相互依存程度提高，货币政策上也存在相互依存，此时，一国制定的经济政策将一定通过溢出效应等影响到其他国家对政策的制定与实施。"

随后 Matthew、Cumby 和 Behzad（2002）在奥伯斯法尔德（Obstfeld）和罗格夫（Rogoff）的 Workhorse 模型基础上，扩展并分析了宏观经济体之间的依赖性，测算了货币政策协调可实施的范围，认为第二代模型比第一代模型具有更大的适用范围，但也放松了对技术冲击存在相关性的假设。由于生产要素在各国间自由流动使得经济体形成了较高的相互依赖，加大了溢出效应，这迫切需要更好地加强国际经济政策协调。

最早研究此问题的美国经济学家库珀（Cooper，1969）认为，全球经济的高速发展，国际贸易和国际资本的迅速流动，使资源在世界范围内有效利用；然而我们也要注意到，各国经济逐渐提高的依存度严重降低了本国制定政策的有效性，并增加了向世界各国的溢出效应。实际上，在这种国际经济背景下，当一国为追求内外均衡而制定政策时，其政策效果主要取决于他国的政策、措施和反应。当本国国内的政策自主权降低时，其经济政策发挥的效果就具有不确定性。故在一个相互依存的世界中，各国应协调各自的经济政策。同时，随着各国的相互依存度提高，国际经济政策的协调将更为重要甚至不可缺少。

国内学者也对国际宏观货币政策协调进行了广泛的讨论。成新轩（2003）提出，经济全球化是把双刃剑，它一方面加快了世界经济的发展，另一方面又使得一国对另一国的经济冲击加大。往往一国在享受全球化收益的同时，其制定经济政策的主权也会受到约束。在封闭经济条件下，一国可以忽视货币政策的外溢效应，通过调整货币政策能够实现国内外经济均衡。在当今全球一体化时代下，政策的溢出效应逐渐加大，一国的经济政策既会影响他国的经济，又会受到他国经济政策的影响，以邻为壑的现象难免发生。各国为了追求整体利益的最大化，就必须进行货币政策协调。

除此之外，还有许多学者从政策协调中存在"溢出效应"这一点出发，反过来反驳前人关于国家间不需要做政策协调的论点。国内学者喻国平（2009）

认为，一国的政策如果对他国产生了溢出效应，那主要是因为外部性和公共产品特征的存在；而导致政策间溢出效应的原因是多方面的，既可能来自财政、货币的变动，也可能受税收、贸易、产业政策的变动影响，所以有必要进行国际货币政策协调。

1.2.2 国际货币政策协调的内容及理论历史演变

各国政府通过各种形式进行经济政策协调合作，他们交换各自国家经济、政策及前景的信息，提供双边或多边的金融发展救助，监管各种形式经济活动。政策协调一直是最缜密的经济合作形式，包含了参与成员国内政策间相互的认同与修订。在宏观经济范围内，这意味着各国的货币财政政策可以进行信息交换与合作，在共同的经济目标下，制定临时的协调框架。

1. 关于国际货币政策协调的定义

迄今为止，对国际货币政策协调的定义还没有明确、统一的标准。至今有两种看法。

第一种看法将国际货币政策协调看作“基于充分考虑各国间经济的联系，使用互利的方式来调整各国内部的货币政策”过程（三十国集团，1998）。这是一个广义的定义，它包括了从相当有限的目标协调到货币政策的一系列协调形式。这种货币政策协调定义具备这样的特征：它是由政府出面，通过彼此的协商、谈判达成协议或建立组织，采取以合伙、互相配合的政策措施，对它们的经济联系和经济活动实际联系进行调节，解决共同面临的问题，避免矛盾和冲突，保证国际经济政策有效运转。要实现这种形式的协调，就需要分两步执行：首先，为联合目的确立一个基本的目标；其次，为实现联合目标而规定各国配合行动所采取的政策。另外，从定义中还可以看出，根据这种货币政策协调的定义，其包含的范围较宽。协调范围的宽泛，必然导致协调层次较浅及协调形式的多样化。

第二种看法是指在相关国家解决失业和通货膨胀的目标选择不一致时，在相互让步的基础上，就这些国家的货币政策进行国际协调，并达成某种妥协或临时默契，共同选择一个符合参与协调整体最大经济利益的均衡点。尽管这种经济政策协调的效果对于某一个国家来说或许并非最佳的政策选择，但是，对于整体经济来说，它往往能实现福利最大化。这种定义涉及协调的经济政策范围较窄，仅限于各国之间进行汇率政策、货币政策的协调。很显然，它主要针对的是宏观经济政策协调。

这两种经济政策协调定义的共同点都是政府之间进行磋商谈判，实现某种货币政策的协调以达到共同福利最大化。但二者也有很大的差异，第一种经济政策协调的层次较浅，属于简单、粗放的协调，对经济的影响也是潜在的、微弱的；第二种经济政策协调的层次比较深入，对经济的影响不仅是微观经济效应，而且对宏观经济变量如经济增长、通货膨胀、利率等都会产生直接影响，从而对一国的经济结构与产业结构有所触动。这种定义的差距也反映了货币政策协调是一个从理论研究逐渐到实践发展的动态深化过程。

2. 国际货币政策协调理论的演变

国际货币政策协调是基于世界各经济体之间的相互依存而产生的，它的产生并非偶然。早期学者们对货币政策协调的研究也是从这个基点出发，紧紧围绕着相互依存理论以及政策的溢出效应开展讨论，分析和研究政策协调的重要问题，为政策协调理论的发展奠定了坚实的基础。

国外学者对国家间的相互依存实践进行了深入的探讨，并依此提出了国际经济相互依存理论。1956—1965 年期间，相互依存理论就逐渐出现在西方经济研究领域，当时的相互依存理论详细地描述了西方各国间经济上的相互依存关系；1965—1975 年，这个理论有了更实质性的进展。与此同时，国外学者在研究了西方各国间的相互依存后，将其进一步拓展为“南北”相互依存理论；1980 年以后，随着世界经济一体化进程加快，相互依存理论有了更快的拓展。

（1）相互依存理论

牛津词典（OED）对于“相互依存”的定义是：相互依赖的事实或者状况。1822 年 Huxley 和 Spencer 沿用这个概念用于研究自然社会制度。美国经济学家库珀（Cooper，1969）最早对国际经济中的相互依存问题进行研究。此后，又有一些经济学家在库珀（Cooper）的基础上进行了发展，形成了相互依存理论。

库珀（Cooper，1986）在文章中指出，相互依存理论主要包含了以下几个方面：第一，经济结构上的相互依存，也就是说，由于多个国家之间经济高度开放，使得一国的经济政策会影响他国的经济，这是因为国家间经济结构的开放导致了国家间的相互依存。这表明，每个国家都会表现出更大的兴趣去了解与其经济结构高度依存的经济体的信息。

第二，各国家间在经济政策目标上存在着相互依存，即一国会对他国的经济政策目标表示密切的关心和注意，比如两国间的汇率，国际收支是否平衡等。更多的情况包括一国密切注意他国的经济状况，可能导致一国要实现自身经济目标需要依赖于他国相关的政策配合。

第三，由于多个外生干扰变量之间存在相关关系，其差异也将会形成相互依存。若外生的干扰因素并非高度相关，则当一国受到外部因素冲击时，他国所受到的影响就比较有限，如价格水平（库珀，Cooper，1974）；但若多国的外部干扰变量存在非常高的相关度时，则作用就会加强。但这会增强经济结构相互依存的趋势，也会增强外生干扰因素（如经济波动）的相互依存度。

第四，各国之间宏观政策的相互依存，也就是说，他国的行动很大程度上将会影响一国的最佳政策实现。结构和目标上的相互依存是直接导致政策相互依存的原因，此时更强调政策上相互依存的博弈理论。

库珀（Cooper）没有探讨具体的波及效应或推断适当的政策反应，他得出的结论是，若经济间相互依存的程度加强，那么波及效应会随之增强，同时，非合作的经济政策所产生的效力将会变弱，进而凸显了政策协调的重要性。随后的经济学家在库珀（Cooper）的相互依存理论上进行探索以及完善，学者们的兴趣集中在对政策溢出效应的分析与讨论上。

（2）溢出效应分析

国际货币政策协调理论的核心就是相互依存理论对溢出效应的分析。然而，实际上，经济学家们早在相互依存理论提出之前就已经考虑到溢出效应问题，这反映在早期很多经济模型的“小国经济”的假定上。例如，著名的蒙代尔弗莱明（Mundell-Fleming）模型就是一个“小国经济”模型。“小国模型”的假定本质上就是为了避免溢出效应产生复杂结果而刻意简化的设定。如果一个小国经济完全独立于其他国家，则此国实行的政策措施完全不会被其他任何一国的经济紊乱或者溢出效应所影响，在这种情况下没有任何必要去获得其他国家发展状况的信息及政策协调；而对于大国经济，本国经济活动均影响世界经济发展，本国与外国的变量必须同时确定。因此，只有在引入了“大国经济”的概念之后，才有必要考虑国际货币政策的溢出效应。

许多学者，如哈马达（Hamada，1976、1979）、Currie、Levine（1985）等，都对溢出效应有研究。Klaus Weyerstrass、Koen Schoors（2007）把溢出效应概括为以下四种：① 外部或内部溢出效应。如欧盟成员国内部间的溢出效应以及欧盟与世界其他国家间的溢出效应。这种效应一般是通过贸易或者汇率来传递的。② 外部冲击或经济政策引起的溢出效应。一国内部经济政策变化会对其他国家产生直接的溢出效应影响。政策协调可以缓和由于错误的经济政策或对称性冲击（如石油价格波动）所导致的负面溢出效应。③ 直接或间接溢出效应。直接溢出效应主要通过贸易往来进行传递，间接溢出效应一般通过利率或汇率等传递。④ 正向或负向溢出效应。正向的溢出效应会增强双方国家的产出，而负向的溢出效应会使双方国家产生利益冲突。不同的溢出效应导致不同的政策协调方式，对于负向溢出效应，一般采用监管、修正机制；而对于正向溢出效应，一般有一个清晰的理论框架来分析这个效应的规模、时机。

综合这方面研究，哈马达（Hamada，1976、1979）认为，有以下几种方式导致一国宏观政策的溢出效应传导至其他多个国家中：第一，通过产出/贸易机制。一国产出会对本国的进口需求和出口产生显著影响，通过贸易渠道影响其他国的出口，进而引起其他国家的产出收入。本国和他国的产出一致增长，是由于他国的扩张性政策所导致的；本国产出的增加，同样会返回到他国，继而又引发新一轮的经济变动。各个国家之间的经济依存程度是由国际贸易占各自国民收入的比重所决定的。第二，通过货币价格联系机制，即通过货币存量变化引致的调整。这一传导机制可以通过蒙代尔弗莱明模型（蒙代尔，Mundell，1963；弗莱明，Fleming，1962）来阐述。通过贸易收支和资本流动两种方式来影响货币联系机制，进而发挥货币政策的作用。当贸易收支改变，外汇储备总量将会变化，国内货币供应量随之改变。第三，通过利率汇率机制。国内经济政策扩张将引起短期利率和汇率的改变，即容易产生"以邻为壑"现象。第四，通过政府债务机制。政府债务将会影响长期利率，当金融市场没有正确地给一国政府债务风险定价时，溢出效应就会产生。

溢出效应广泛存在于全球经济贸易一体化中，若各个经济体之间没有意识到这一点，不加强及时有效的宏观政策协调配合，那么将很难实现其经济目标。尽管如此，但实际上，很多国家都没有意识到这一点，或者不愿意承认这一点，仅仅考虑本国的利益，实行扩张性货币政策，引发"以邻为壑"的现象，导致各经济体间各自为政的不协调经济政策，常常给世界经济的发展带来不可避免的阻碍。因此，一个国家不能仅仅从自身角度孤立地考虑和制定本国的经济政策，以此来追求本国的内外均衡。故加强国际间的货币政策协调，不仅可以促进本国更快地实现自身的经济目标，同时也能稳定世界经济，所以，国际货币政策协调的需求更加迫切和紧要。

3. 国际货币政策协调历史演变

尽管 19 世纪下半叶，很多国家就已经意识到了经济依存这个道理，并都努力创造国际经济协调以使得参与国能够获益，但真正意义上的国际货币政策协调历史始于"二战"之后。战后联合国成为协调国际事务的组织机构，同时布雷顿森林体系、关贸总协定（GATT）、国际货币基金组织（IMF）、世界银行等的设立都标志着世界范围内的经济政策协调。随着布雷顿森林体系的崩溃，从七国集团（G7 集团）的成立到波恩峰会，从广场协议到世界贸易组织（WTO）成立，也都代表着国际经济协调的逐步发展。适当完善当前的宏观政策，抑或是采取多国共同干预市场的协调货币政策，可以缓解外部经济危机带来的影响，达到各国良好平稳的经济增长。

部分国内外学者对国际货币政策协调也进行了深入考量，Barry Eichengreen（2011）从历史的角度阐述了不同国家为国际货币政策协调所做的努力，概括地梳理了 19 世纪初至近代近 150 年的经济政策协调历史事件，总结历史经验教训，并对目前的经济危机做出评价。他认为成功的经济协调，无外乎要同时满足以下四个条件：（1）集中在技术冲击问题上；（2）经济协调制度化，协调成本达成一致；（3）政策行为的连贯性；（4）协调应在一系列国家中进行。

成新轩（2003）则分别从财政政策、货币政策、汇率政策和贸易政策四个方面分析了欧盟一体化进程中呈现的经济政策协调的现实，从政策的角度描述了欧盟地区政策协调的发展历程，从时间顺序梳理了欧盟内部宏观协调的制度安排和历史变迁，提出了适应于经济政策协调的合理的制度安排。随着全球贸易服务一体化的深入，经济政策协调显现出层次逐渐加深递进的特征，这显示了稳定与效率的均衡决定了宏观经济政策协调是否能有效地运行。同时，他还对欧盟东扩后面临的政策协调问题从挑战与机遇方面进行了分析，并对将来欧盟的经济政策协调模式进行了趋势讨论和展望。

关于国际货币政策协调历史演变的文献较少，20 世纪 90 年代后期，宏观经济协调展现出一些新的特点：如国际组织的协调性减弱，G7 协调效力的减退，区域协调的新发展等。随着一些新兴国家的经济不断发展，在世界经济的舞台上，他们的话语权将逐渐增加，中国等国家在经济协调上也将起到越来越大的作用。如何总结历史经验，避免失败教训，中国在参与世界经济政策协调的大潮中建立何种经济发展模式，都值得我们继续讨论研究。

1.2.3　最优政策的分析和协调收益的实证研究

20 世纪 70 年代布雷顿森林体系崩溃以后，国际货币政策协调理论的中心是最早提出的相互依存理论。随着国内外学者对相互依存理论的进一步探讨和分析，以及经济学中的博弈论和计量经济学的飞速发展，关于国际货币政策协调的研究进入到一个新的阶段，并出现了两大分支：一个是建立在博弈论方法基础上的最优政策分析（Policy-Optimization Analysis）；另一个采用实际年度等经济指标数据，通过建立本国与他国的计量模型来测算协调的实际收益。不仅如此，对国际货币政策协调的可行性安排和制度规则进行重点研究的文献层出不穷，一些经济学家在政策协调的制度安排的研究方面取得很大进展，促进了国际宏观经济政策协调理论的进一步发展。

1. 最优政策分析

西方经济学家 Scitovsky（1942）和 Harry Johnson（1953）是最早使用博弈论模型作为方法来研究政策协调的问题的，Scitovsky 和 Harry Johnson 在政策协调的贸易冲突问题上率先使用了博弈理论模型。1978 年以后，著名经济学者哈马达（Hamada，1980）在其著作《国际货币相互依存性的政治经济学》中对货币领域的国际协调进行了分析，并且依此设计出了一般性的动态均衡博弈模型。哈马达模型则对政策协调理论作了充分的完善和修补。到目前为止，哈马达模型也仍是货币政策协调理论分析的基础。

博弈论是最优政策分析中的最主要方法，即根据相关变量构造两国的国际货币政策协调福利理论模型，根据两国的经济目标制定目标函数。首先，把一国的政策变量固定，使另一方的福利损失最小化，得到非合作的纳什均衡解，求出此时的福利值。然后求出使两国的福利函数共同达到损失最小化的均衡解和福利值。最后把两个福利值进行比较，它们的差为协调时的收益，基于此分析政策博弈的最优经济后果。通常，各国学者都是从静态博弈和动态博弈两方面对国际货币政策协调的最优政策进行分析的。

（1）静态博弈基础上的最优政策分析

哈马达（Hamada，1976）将博弈论应用到货币政策协调问题的研究中，研究构造了一个简单的静态两国模型，它假设只存在两国产品的生产和交换，生产要素只有劳动力一种，双方博弈的策略行为只进行一次。哈马达模型将各国政策目标定义为福利函数，即包括一组无差异曲线，由于存在溢出效应，因而一国货币政策工具会影响另一国政策工具，在此前提下进行最优化决策。模型的结果是非合作纳什均衡解，从福利经济学角度来讲，纳什点并非有效最优的，因此必须进行货币政策协调，才能够使存在经济间溢出效应的同时，达到帕累托最优。如果双方都将国际收支的顺差作为本国追求的经济目的，那么一旦两国不合作，那会导致两个国家都偏离自己的经济目标。由此，可以得出结论：一国货币政策在国内起的作用及其在国外的溢出效应规模，部分取决于国外选择的政策。但值得说明的是，货币政策协调的结果会受违约与免费搭便车的影响。所以各国为减少出现这类现象的次数，他国需要重新回归到纳什均衡点，并以此作为威胁，保证协调可以顺利进行。据此可以看出，货币政策协调是非常重要的。

Canzoneri 和 Gray（1985）也用相似的理论构建两国模型，并假设两国经济如果同时遭受外部冲击，而且仅仅通过溢出效应作为其唯一的传导渠道，并且最终追求充分就业、降低通胀率作为经济目标。Canzoneri 和 Gray 使用不同计量模型，测算和估计不同经济结构下，货币政策制度对溢出产生的影响，认为各国的货币政策对于溢出效应的反应明显不对称，这是由于制度上的差异造成的结果。结论说明，只有当政策决策者的经济目标和偏好完全一致时，非合作决策帕累托有效才能实现。但事实是，各国的目标和偏好不可能完全一样，因而需要适当的政策协调以达到帕累托最优状态。

除此之外，国外学者 Qudiz Gilles 和 Jeffery Sachs（1984）也构造了一个两国模型，假设政府的经济目标是减少通货膨胀，那么本币升值，外币贬值，纳什合作均衡解是导致通货紧缩，只有实施国际宏观货币政策协调才能使双方国家均受益。

基于以上分析，Jeffery 和 Kathrine（1986）认为以往文献均是假定货币政策执行者是意识到真实模型的情况下进行博弈，因而得出纳什均衡解是优于非合作的解。她们运用模型模拟了美国与其他国家进行国际宏观货币政策协调的模型，结果发现，进行合作改善美国的福利，同时改善 OECD 国家经济福利的模拟结果多于减少的结果。

相似的，Lambertini 和 Rovelli（2003）构造一个静态的斯塔克伯格模型，各个国家的政府作为政策的制定者，并基于各国存在完全不同的偏好与损失函数的基础上，假设条件为这类函数和各博弈方的相互策略反应均是外生给定。通过模型检验了国际货币政策协调在宏观经济稳定下的作用，得出的结论是，在斯特克伯格模型下，每个政策制定者都偏好作为追随者而不是领导者（先行者），采取财政政策内部化价格稳定这个经济目标，以使损伤函数达到最小化。同时，斯塔克伯格解优于纳什非合作均衡解。

综上所述，从静态博弈的角度来看，货币政策协调是最优的政策。但合作的静态博弈政策协调的结果会受违约与免费搭便车等的影响，且由于时间的滞后性，很多预期事情的反应也被简化处理了，因而随后的研究从动态博弈角度出发。

（2）动态博弈基础上的最优政策分析

考虑到政策的滞后性，实际上实施的经济政策并未能立刻生效，以及当期的政策对未来会产生影响，因而很有必要建立动态博弈模型来分析不同国家间的政策协调问题。国内外学者均对动态博弈下货币政策协调问题进行了研究。

哈马达（Hamada，1978）和 Sakurai（1978）通过引入动态博弈理论，分析了相互依存国家的动态经济协调，他们认为政策制定者在跨时期内会最小化成本函数。之后，Sachs（1978）和 Turner（1984）对哈马达（Hamada）等的研究进行了有效的补充，他们将货币政策变量作为一种工具放入到纳什模型中，结果表明，协调合作失败是由于搭便车行为和国际货币合作不能持续导致的。

Jeffery（1983）则描述了当相互依存的国家在使用反通货膨胀政策时，宏观货币政策协调所扮演的角色。她认为，在弹性汇率制度下，货币政策执行者易追求一种抑制经济、货币升值的政策来减少通货膨胀。她建立了一个纳什均衡两国动态模型，拓展地讨论了非对称冲击下的斯塔克伯格模型中领导者的均衡效应。结果认为，在弹性汇率制度下，非合作货币政策的最终均衡会导致帕累托无效。

随后，学者 Miller 和 Salmon（1985），David Currie 和 Paul Levine（1985）也研究了动态模型中的政策溢出效应问题。在构造的模型中，需求和供给行为均存在滞后效应，货币供给、名义收入、汇率、价格水平都作为政策工具。结果，在单一的经济体中，价格作用十分显著；但在多国依存的经济体中，其作用则不显著。

经济学家罗格夫（Rogoff，1985）首次在政策协调的理论中，引入货币政策的一致性。他认为，在动态的协调博弈中，尽管不存在新的信息，但各国确定的最优策略基本都会改变。罗格夫（Rogoff）分析认为，由于政府政策的非一致性，在开放经济的条件下，如果不相互协调固定汇率，政府采取非预期货币政策的可能性会上升。因此，在非合作条件下，通货膨胀率比合作的条件下会更高。罗格夫（Rogoff）用博弈理论分析了这个结果，在多个参与者的博弈中，如果部分合作，部分采取不合作的政策，则情况会更糟。

国内学者也就此问题展开了热烈的讨论。刘海龙、金桩（2003）构建了一个国际货币政策协调的两国模型，假定各国福利函数、损失函数以及货币供应量，当出现非对称的需求冲击时，比较在非合作情况下得到的纳什均衡点 N，和在合作情况下得到的均衡点 N^*。得出的结论是，合作情况下得到的均衡要好于非合作的状态，后者更具有帕累托改进。如果有一方中途违约，那么最终长期还是会回到非合作的纳什均衡。

索彦峰、徐筱雯（2007）研究了一个在开放经济情况下的两国模型——在非对称冲击下构建的斯特克伯格模型，并求出最佳均衡解。分析表明，当博弈方式改变时，货币的溢出效应会非常明显，因而很有必要开展货币政策协调，但是经济强国的“先发优势”并不一定能保证其获得协调收益。

动态博弈也强调信誉的重要性。Currie 和 Levine（1987）研究了两种情况下的协调的收益：事先有承诺协调和事先没有承诺。他们构造了一个两国动态模型，同时还包括了一个私人部门。政策分为是否协调、是否有信誉。综合他们的分析，对于无信誉协调政策和无信誉非协调政策的相对比较问题还没有定论，这需要取决于冲击的来源和本质：如果来源于总供给的冲击，无信誉的协调会减少福利；如果在总需求冲击下，无信誉的协调则会使得福利收益增加。他们的讨论还说明，在非协调的信誉政策下情况最糟，货币政策效应也更加不稳定。除此之外，在浮动汇率制度情况下，利率传导渠道会使有信誉的货币政策来影响即期汇率。但是如果政府仅追求同样的政策却不进行合作，最后只会导致过度膨胀或过度紧缩。相对而言，合作的信誉政策与其他方法相比，增加了福利收益。由于他们使得政府获得信誉收益，因而避免了由于相互不一致的目标所导致的福利损失。Currie 和 Levine 的研究认为，来自于协调和信誉的收益应该是相互依赖的，只有相互合作协调，政府才能够获利，但当且仅当政策是存在信誉时，协调的主要收益才能由政府获得。

2. 协调收益的实证研究

除了运用博弈论方法构建多国模型来研究国际宏观货币政策协调外，还有许多文献构造了不同的数学模型，使用历史数据，对实施货币政策协调实际的收益大小进行实证分析。

目前这种实证研究方法多是采用多国宏观经济计量模型进行模拟结果而得到。这种模型组合了主要工业国（或贸易集团）的显著特点，以及它们之间经济依存的主要渠道。在这样的结构中，政策协调所得的收益通常被定义为各国之间两种模拟的差异，前一个是各国的政策独立确定的情况，后一个是政策合作的假设下确定的。

Oudiz 和 Sachs（1984）是最早利用多国模型来推导最优政策的学者。他们在开放的纳什策略下（open-loop nash strategies）研究了 1984—1986 年三国博弈情形（美国、日本、德国），然而，那些政策却是作为货币政策选择的静态（单期）序列来估算的。他们在这个模型中进行模拟，用以测算合作的潜在收益，这种收益以讨价还价纳什的解表现出来。他们的估算结果是，发达国家如德国、美国，它们协调的收益测算规模是 GDP 的 0.3%，而日本情况不同，协调收益规模是低于 GDP 的 0.7%。而且，这个研究中，德国将通货膨胀率控制放在优先考虑的位置，而日本则赋予经常账户的变动比较高的权重。这是比较符合事实的。

之后，类似的研究也在另外的一些文献中出现，基本都是采用建立货币协调模型和福利方程的方法。尽管研究的方法都有所改善，但包含的变量和结果却非常类似 Oudiz 和 Sachs 的研究。Oudiz（1985）通过计量模型，测算了欧元区各成员国间协调的收益规模，发现其占 GDP 的比例不足 1%。Frankel 和 Rocket（1988）、Canzoneri 和 Minford（1989）也都测算了收益，比分别对美国、欧盟、日本以及经合组织运行情况的研究略高一些。在一项类似的研究中，国外学者 Miller 和 Salman（1985）运用一个简便化的计量模型（即对单独一个国家用了 3 个方程来描述，经济完全对称，并且世界上只存在这两个经济）。经济学家巴罗（Barro）也用相似的方法，对不同情况下的博弈进行分析，但得出的结果都比较小。经济学家泰勒（Taylor，1985）同样求解测算了多个国家的价格—产出方程组（对单独一个国家使用 2 个方程），然后根据不同的策略，将产出与过去的价格水平和产出水平联系起来，针对每个国家，采用不同的方法，用历史数据，纵向地将价格和产出联系起来，建立联立方程组，量化制度指标，最小化经济产出与物价水平的方差。结果发现，美国的需求将会对他国产生影响，但德国、法国等欧元区国家之间的经济相关度很高，可是相对美国等国家来说，协调的收益规模要比其他国家小很多。

与大多数实证估算协调受益的研究相比，Holtham 和 Hughes Hallet（1987）的研究结果较为不同，计算出的协调收益大概是国民收入的 6%～7%，至少为 3%～4%。

国内也有学者针对此问题进行研究。张玉柯、马文秀（2001）认为，到目前为止，由于货币政策协调的收益分配和均摊成本在未来存在不确定因素，前人的测算并未能真实地反映协调收益的规模，而且对货币政策协调和成本的讨论比较少，许多学者在影响收益的原因问题上也存在众多分歧，在影响协调收益的因素上也未达成统一的意见，这就使得说服主权国家为一部分规模不定的收益而改变本国政策目标变得不易，所得的收益规模也容易流向其他参与国手中。

国际货币政策协调领域的发展在 20 世纪 80 年代曾成为经济学者关注的焦点，但后来经验证明协调的收益很小就逐渐沉寂，到近几年又成为了研究的焦点，由于考虑了预测的变化和不确定性因素，政策协调模型的构建越来越复杂。然而与非合作政策相比，合作政策的潜在收益已被清楚地确认。上述的实证研究也存在不完善，因为协调政策只有在从非均衡状态进入到均衡状态时，才能实现其真实的价值。而且，由于溢出效应会随着时间的变化而改变，因而也会影响对收益规模的估算。因而，进行国际货币政策协调所获得的收益可能会比以上文献估算的结果大。

1.2.4 国际货币政策协调的制度规制研究

不少经济学家从国际宏观货币政策协调的制度着手研究。Barry Eichengreen（1985）从历史的角度探讨货币政策协调的制度规制选择，他提到，在早期，人们认为金本位制度对于货币当局来说是最有效的货币政策协调机制，但实际上，在金本位的限制下，央行的不同目标难以协调一致。20 世纪 20 年代中期以后，基本是实行自由浮动汇率；到 30 年代，是有管理的浮动汇率制度；1936 年以后，重新引入与黄金挂钩的可调整钉住汇率制度。

Peter B. Kenen（1990）介绍了货币政策协调引发不同汇率制度安排的观点，从最优政策的观点来看，应该使用简单的政策将经济依存性内部化（如钉住汇率制度）；从政权保护的角度来看，则政府应有义务稳定汇率以改善全球经济大环境。

涂仁标（2010）认为在当今国际货币体系中，美元的霸权主导地位使得它的较小波动都会导致其他储备货币的较大波动，加剧了外汇市场的不稳定，不利于宏观货币政策的协调，因而国际货币体系的这一缺陷亟待改善。刘积余（2000）分别从固定和浮动汇率角度分析，固定汇率制度下，由于是以一国货币为绝对主导地位，大国往往为了自身利益制定政策而使小国利益受损，以美元为例，日元、德国马克就曾大幅度贬值；在浮动汇率制度下，国际货币政策协调主要是几个货币大国间的博弈，如果各国经济周期不同，国外与国内经济目标相冲突，那么会影响协调的效果。

不管货币制度如何安排，其终究不能偏离经济体相互依存的原则。在每种制度安排下，货币当局都在追求确保汇率稳定与收支平衡的经济框架，以达国际政策协调的目的。一些经济学家在研究此类问题时，提出了可行的制度安排，主要分为以下四类：

第一类，麦金农（Mckinnon，1984）建议实行固定汇率制，他最早于1974年提出，之后经过历次修改。他认为现存的浮动汇率制度缺乏效率，因而需根据购买力平价制定各国货币汇率水平，并通过协调来维持汇率水平。货币以及各国金融资产之间的替代使得汇率波动，由此需要全球货币调节其在各国间的分配，因而需要实行固定汇率制度，使全球外汇市场稳定，令各国达到内外均衡的效果。

实行固定汇率制度方案受到广泛关注，其被视为最经典的恢复固定汇率制度的经济政策协调方案。但如果实行固定汇率制度，则是以牺牲汇率的灵活性为代价，换取汇率的稳定。同时，麦金农（Mckinnon）认为靠各国货币制度调节以稳定固定汇率的想法在现实经济中难以实现。

第二类，Williamson和Miller（1985）提出了汇率目标区的建议。这一建议与麦金农（Mckinnon）的方案截然不同。他们主张更具有弹性的汇率制度安排，且围绕中心汇率浮动率可以为上下10%。考虑到不同国家的通货膨胀率，Williamson主张市场干预和利率差来稳定汇率，货币政策实现外部均衡，财政政策则实现内部均衡，减少汇率的波动和预期的不确定性可以通过实施目标汇率区来达到。内外失衡通过实际汇率来解决，政策并不影响国际收支的经常账户，应独立应用财政政策控制国内产出。

第三类，蒙代尔（Mundell，1965）提出了最适度通货膨胀区，最典型的是早期的欧元区，通货区内各国保持钉住汇率，货币区外是联合浮动汇率。他在1961年提出生产要素流动性准则，生产要素完全流动可以作为消除物价不稳定和失业率的机制。

之后还有其他经济学家提出了不同的通货区标准，如Kenen（1969）提出的产品多样化准则，Ingram（1973）主张的金融市场一体化标准等。上述标准都可以作为最适货币区的分析，但单独任何标准都不够完善，有失偏颇。20世纪90年代后，最适度通货区理论（OCA）随着国际宏观货币政策协调理论的发展而进一步完善，考虑和分析了通货区的收益和成本等。

第四类，通过货币政策控制经常账户的一些建议。Genberg 和 Swoboda（1987）、Boughton（1988）解释了 IMF 的观点，“一般来说，支出变更政策对经常账户有直接的和较强的数量效果，相比之下，支出转换政策对汇率的影响较大，但对经常账户的影响有限……相对于总需求的稳定，货币政策作为调整经常账户的工具较货币政策有比较优势。”Genberg 和 Swoboda 主要是关心纠正经常账户的不均衡，其分析框架接近于理性预期下的货币方法，假定正确的政策搭配能够取得经常账户均衡，但他们没有注意到不适宜的实际汇率调整带来的风险。他们普遍觉得，在对经常项目账户的控制上货币政策具有明显的优势，相对于政策协调来说，一国央行必须严格执行稳健的货币政策。这是由于不适宜的货币政策会导致严重的外部不利性，事实上，若各个国家的货币政策彼此不容，那么就会对各国的产出和世界经济金融产生不好的影响，因而只有通过货币政策的调整，才能很好地改善各国与世界的经济。Boughton 认为，经常账户的不均衡主要在于可支配收入跨代的转移，他指出货币政策对经常账户均衡的影响是清晰的，提倡由货币政策控制外部目标。因此，他主张政府应该通过货币控制追求自己的内部目标。

1.2.5 影响国际货币政策协调的障碍

国际宏观货币政策协调问题在现实中并不像理论分析的那么容易操作。在现实世界中，仍存在很多障碍阻碍着货币政策的协调。这些阻碍都有可能导致货币政策决策的最终结果是福利的减少，而不是获得收益。即使协调产生的潜在收益是正向的，通常也相对比较小。导致低效的国际宏观货币政策协调的主要原因有以下几个方面：

1. 政府政策的可信度

库珀（Cooper，1969）指出，政府间的政策可信度也可能成为政策协调的障碍，这个阻碍是导致低效协调的最重要的因素之一。一旦政策执行者被认为无法履行他们的政策，那么货币政策协调就会被破坏甚至停止。政府间的信任是最为重要的因素，由于制度并不能避免偶然发生的事件，极少部分偏离制度规制的事件会引发偏离，并进而产生严厉的惩罚。因此，政权制度的信任取决于有效的合作精神及事先约定好的规制。在新的经济环境下，如果政策决策者认为其他政府将违反条约，那么他们可能会产生偏离约定的动机，这样给双方国家都将带来不利影响。由于缺乏信任，一国的政策决策者因害怕协调最终变成本国的单边行动而停止相互的协调计划，会使利益受损。而巴罗（Barro）和戈登（Gordon，1983）通过构造了一个博弈模型，依据政府及私人部门对于制定更改货币政策的反应过程来描述政府间的信任问题，并扩展到世界经济中，得出政府政策的可信度是影响货币政策协调的一个因素之一。根据巴罗-戈登（Barro-Gordon）模型，如果本国的国民收入和产出较低时，政府希望创造出没有被预期到的通货膨胀，从而刺激经济增长，尽管政府知道这种刺激只是短暂的。最开始，本国的私人部门按照政府的承诺进行预期行为，之后逐渐发现政府单方面修改了政策制度安排，由于投资者的理性，其会将政府的信誉问题作为影响因素考虑进去，从而更改其预期，最终导致政府与私人部门无法达到最优的纳什均衡解，国民产出将没有太大改变，但却推高了通胀率。如果将这个过程放置到国际经济背景下，两国或多国间的协调，若一国出现单方面的违约行为，此后其他国家会将该国的违约行为考虑进去，从而逐渐无法达到最优纳什均衡解，致使最终的货币政策协调不能达到预期效果，形同虚设。

随后，罗格夫（Rogoff，1985）进一步指出，国际货币政策的协调通常要求相当宽松的货币政策，这与巴罗-戈登（Barro-Gordon）模型中演示的国内信誉问题交织在一起，更加深了实际协调中的低效率。每个国家在发展经济的同时，一般追求两个经济目标：一个是经济的增长，另一个是维持汇率的稳定。若存在国际货币政策协调，那么多个国家可以通过一致的扩张性货币政策促进产出的增长，同时，一致性的扩张性政策使得汇率不会产生较大的变动，这个理论也是由很多经济学家推崇引导的。但是，经济学家罗格夫（Rogoff）指出，在这种情形下，各国政府均有推高本国物价水平的倾向，这一扩张动机与巴罗-戈登（Barro-Gordon）模型中所示的扩张动机交织在一起，可以完全抵消货币政策协调中的正溢出效应，因而在实际过程中，国际货币政策协调的效果会十分微小。基于上述政府政策可信度问题导致国际政策协调效果不佳的情况，相应的政策建议就是，可以通过把政策协调过程中的政策选择规定得更为严格，或者对违约给予更加严厉的惩罚，使政府政策的可信度提高，从而减少政策协调方面的利益损失。

2. 政策目标看法上的不相容

对于缺乏有效货币政策协调的原因，其中之一是，即使在既定的潜在收益下，各个国家在不同的角度对于不同的经济目标，都有不同的兴趣，因而导致低效的协调。库珀（Cooper，1969）考虑到，对于目标相似的国家（如共同体国家），在货币政策实施方面并不存在不同的看法，虽然它们在共同的经济体框架下实施经济政策，但是它们仍在一些问题上持有不同看法，比如在宏观把握降低通胀和保持充分就业这两个目标之间的平衡问题上。这样的冲突存在于实施政策协调的国家之间，国家间利益和成本的分配也同样决定着具体的政策措施，这些多样的分配选择目标也存在于共同的政策行动中。对于不同的国家，在短期、中期或长期经济目标的不同选择也会影响到政策的有效协调。

基于此，Eichengreen（1985）也列举了一个两国模型的例子，描述了不同国家之间目标上如果存在冲突，会影响到货币政策协调带来的潜在收益。假设世界上存在两个相似的国家，两国的工资刚性且政府非常贪婪，每一个国家都想拥有世界上 3/4 的财富（黄金），如果每一个国家独立地选择自己的政策目标，不断提高利率从而吸引世界上的资金和黄金，结果它们达成了一个相互制衡的状态，即两国拥有相等的黄金数量，但却具有相当高的失业率。目前，它们有两种选择来解决这个矛盾，一是两国进行货币政策的协调，即利率的协调，但并不表明它们的实际目标，这就是很多经济学家们所想的货币政策优化性协调；或者，它们互相坦白自己的货币政策目标并进行调整。但是如果它们相互坦白目标却不想进行调整又会发生货币政策目标上的冲突。实际上，这一简单的例子与各国所追求的经常项目顺差以及多种目标组合没有什么不同，目标上的冲突必然是国际政策协调面临极大的阻碍。

3. 对经济运行的看法不一致

对于经济运行看法的不一致，是阻碍货币政策协调的重要因素。Jeffery Frankel（1988）讨论了三个容易阻碍国际协调的因素：（1）对初始经济形式的不确定性，（2）对经济目标的不确定性，（3）对政策协调模型所得的经济预期的不确定性。她指出，政策协调一般分为三个步骤，第一步，每个国家需要决定什么样的政策改变，而且需要询问对方国家；第二步，两个或多个国家需要进行协商利益的分配；第三步，协调的生效执行，包括明晰国家的任务和违约时的惩罚。通常的文献都认为，冲突一般出现在后两步，而 Jeffery 则指出在第一步出现的阻碍可能更严重，因为改变一个国家的利益而更改政策并不是一件容易的事，如果一个国家制定的政策依据邻国不完全的溢出效应的话，那么协调带来的结果可能是福利的减少。

库珀（Cooper，1969）也认为，即使国家间存在可兼容的经济目标和相似的经济环境，但是它们也可能对现在及未来的经济运行形势看法不同，或者考虑到货币政策对于经济运行的更改和影响的过程不同。简言之，它们对于经济结构的形式存在不同意见，因此认为最后的经济结果存在不同的货币政策反应和意义。这个因素也是造成 1977 年美国和联邦德国低效协调问题的原因，当时联邦德国政府认为本国政府的一个给定的政策刺激会引起物价水平剧烈的波动，相对本国就业和产出来说影响较小，但如果美国政府采取同样的举措，并不能引起相同的效果。

在前者理论的基础上，Frankel 和 Rockett（1988）构建了十个多国模型，来描述美国与欧洲之间关于经济运行的不同观点，假设任一方根据本国的福利函数进行政策决策，相互间不存在信息交流，如果存在潜在收益，则进行政策协调。最后他们运用季度数据分析了多个模型，发现能获得收益的协调国家或地区非常少，因为各国在政策决策时，互相没有信息交流，不能了解国家间的经济形势，因而使得收益大打折扣。

综上，对经济形势的不同看法导致协调的结果不尽如人意，实施政策协调是基于认为自己的政策能改善本国的经济，它们寄希望于对方国家能根据本国经济形势而做出政策上的调整，因而导致低效的政策协调。

4. 经济政治主权的约束

如果说经济政策是政策协调的主要阻碍，那么政治因素是基本影响因素。实际上，很多国家不愿进行经济政策协调。对于采取哪些政策，不同的国家各有看法。各国从自身利益出发，小国容易受到大国政策的影响，从而加剧国际协调的困难程度。同时，小国需要忍受大国政策对本国经济的冲击，而且还不能采取相应的报复政策。在政治制度配合上，一直是小国跟随大国，因而在政策协调上，需要更有力地争取本国的收益。

库珀（Cooper，1969）最先提出，认为在多国间进行完全自由的货币政策协调是相当困难的，要把政治因素作为限制条件考虑进去。国家自治的想法广泛流传，并与国家主权概念相混淆。后者强调的是正式的执行本国政策的能力，而不是成为他国的政策工具；与此相反，前者是本国通过单方行为达到其经济目标的行为。正如所见，在一个高度依存的经济环境下，经济政策协调可以在不损害本国主权的情况下，有助于有效地实现经济目标。这样的协调经常是合理明智运用主权的行为。

国内学者对经济政治主权约束的因素有基本一致的意见。陈全功、程蹊（2003）认为，随着各国经济联系的日益密切，国家间的摩擦和冲突也随之增加。在现代经济一体化体系中，尽管各国宏观经济政策必须加强协调配合，但又必然引起国家经济主权让渡问题。人们担心，由于经济主权的让渡会造成一国主权的丧失，致使国家利益受损，也更易被经济大国或国际经济组织牵制。当然，经济主权的让渡也是有限度的，这也是导致各经济体在货币政策协调上存在分歧的重要原因所在。这往往也需要国家间一系列艰难的谈判权衡和协商让步，同时，为了能够较好地处理国家经济主权让渡和国际宏观货币政策协调的关系，世界各经济体形成了如 WTO、IMF 等多种政策协调形式和一些协调机构，具有比较结构化和合理化的货币政策协调机制。

1.2.6 国际货币政策协调可行性安排

随着后经济危机时代的到来，世界经济全球化的发展，世界各国的经济贸易往来加深，金融政策创新层出不穷，对此，应尽快加强国际宏观货币政策协调，以稳定全球金融体系，使世界经济稳定发展。从长期出发，全球各经济体间有必要加强货币政策协调，并对目前的国际宏观货币政策协调机制进行全面、有效的改革完善，建立一个公正、公平、有序的新秩序。

那么，在实际经济生活中应如何进行政策协调，国内外许多学者针对不同的协调形式，都给出了不同的意见，大致可以归纳总结为以下几种：

1. 加强各国间信息交流

Stanley Fischer（1987）指出信息交流已拓展到一个新的范围，东京峰会上提出的定期召开财政部长和央行行长间常规商讨会议的设想，使得这个转变逐渐得到了实现，可见信息交流的重要性。通过信息交流，实行多边的监管，不仅可以给各国带来一个外部的角度来衡量本国国内的政策实施，同时在信息交流的过程中，有助于形成一条新的途径，以惩罚违反 IMF 关于政策协调的法案。若干年以后，它们也将成为用于分析一国经济及多国协调的典范，并为之改善协调机制。尽管这种形式的信息交换的影响不一定会好于政策协调，但是能有效地加强货币政策协调。Alexander Italianer（1999）认为成功的协调机制在于信息的交流，他以欧盟为例，欧洲中央银行通过其成员国的经济数据，不仅能实施监管，同时能根据这些经济指标合理地做出合适的货币政策，正确地勾画出未来欧盟经济的前景。有效的经济指标和共同的目的都有助于欧元区的政策协调，如被阿姆斯特丹条约引入的就业政策协调。类似地，考虑到税收竞争的危害而引入的税收政策协调。该协调后来在 1997 年 12 月形成的商业税收法案中生效。信息的有效交流可以使成员国相互了解国内外经济发展形势，有利于欧洲央行做出统一集中的政策决定，更好地减少欧元区的内部经济矛盾。

同样，成新轩（2003）以欧元区为例，指出各国政府需要对《马约》中规定的趋同标准有一个统一的共识，并且各国的统计标准也必须一致，这就要求彼此进行沟通了解。对于货币政策的制定也是如此，虽然欧洲央行拥有很高的独立性，但是不能把它孤立起来，恰恰相反，必须建立各机构间的对话机制，使其在制定货币政策方面的战略方针时，应当考虑欧盟委员会和各国对于经济情况（财政预测、工资的发展趋势等）所作的分析。同样，各成员国在制定其经济政策时，也需要了解欧洲中央银行对欧盟经济和政治形势的看法。各政府机构间的对话是确保经济与货币联盟良好运作所必需的，所以，信息交流是保证政策协调成功的首要因素。涂仁标（2010）提到，国际宏观货币协调的基本方式之一就是信息交流。这种信息交流不仅包括各个国家对目前彼此汇率水平的看法、各国经济运行机制的状态和存在的问题，还包括本国宏观经济政策的实施、经济学家在为各自政府进行宏观预测调控时所使用的经济计量模型等，这有助于各国了解多边国家的经济运行状态特征和政策方针制定的原则，从而达成宏观货币政策协调的目的。因而，很有必要进行有效的信息交流。

2. 完善国际宏观货币协调机制

完善国际宏观货币协调机制有利于货币政策协调的发展。Stanley Fischer（1987）指出，在波恩峰会和1987年2月在东京举行的国际贸易会议上，美国由于自身债务问题，向德国、日本寻求过货币政策协调，尽管多国对此表现得积极热情，但是结果对高失业率和债务失衡的改善效果非常有限。通过这两次会议的例子可以看出，成功的协调离不开合理的机制，因而完善货币政策协调机制是非常有必要的，也只有这样才能更好地服务于各国内部经济政策。

黄梅波、陈燕鸿（2009）列举出了在经济危机中发达国家救市措施中暴露的许多问题：一方面，危机爆发后，各国政府对于危机的看法和意见不同，从而错失了救助的最好时机；另一方面，欧美等发达国家在危机中的协调也明显不足，在后经济危机时代，世界经济复苏缓慢，西方国家还在酝酿贸易保护政策，这不仅削弱了经济政策协调效应，也给世界经济的复苏带来负面影响。因而，在信任的基础上加强国家间合作，完善协调机制迫在眉睫。

对于国际宏观货币协调机制的实际操作细节，成新轩（2003）也提出了自己的看法，他认为，当成员国进行了经济信息的交流后，货币政策协调就进入了重要的阶段——宏观协调。虽然在经济一体化的不同阶段，共同政策制定机制有所不同，但主要机构承担的职能与制定的程序基本相同（如欧洲货币联盟区内是由欧盟经济委员会准备，然后把委员会建议提交给欧盟理事会通过，最后由各国政府承诺执行）。完善国际宏观货币政策协调机制，加强发达国家与发展中国家之间的经济依存，可以加深经济贸易往来，使各国在经济目标上求同存异，更好地发挥各自的政策效果。

3. 完善共同监管机制

共同监管机制既是加强各国货币政策协调的保障基础，同时也是从整个经济市场宏观角度来对政策协调进行促进和完善。

美国学者 Alexander Italianer（1999）认为，在协调过程中，有效的协调需要对各国的政策有定期监管机制，初期需要一个预警措施，如早期的预警机制，尤其是具有前瞻性的预警信号。在共同的框架下制定经济政策，这些政策需要每年召开会议再次确认，在多方的监管下，最大程度实现各自的经济目标（如降低失业率，增加产出）。

周炼石（2000）则在探讨经济全球化中的协调问题时，认为在宏观货币政策协调中需建立监督机制，类似于《马约》中制定的各个国家加入欧元区的趋同标准，财政赤字不超过 GDP 的 3%等；若发现成员国财政赤字超过 3%，偏离了其最高限制额度，委员会会提出风险预警，建议选取一些方式，对其偏离做出修正；倘若赤字仍然在规定的期限内存在，那么委员会将会对违约的国家进行处罚，处罚措施一般是以无息存款的方式进行的，对于按要求应存入欧洲央行的存款，其数额也由该国赤字规模来决定。所以，在货币政策协调中规定了监督机制，这些约束条件对于保证经济的正常运行合作是非常重要的。涂仁标（2010）引用弗莱明（Fleming，1962）提出的固定汇率制度下的“三角悖论”、托宾（Tobin，1972）关于财政政策协调的“托宾税”、麦金农（Mckinnon，1982）的“货币需求稳定”，来说明加强各国政府对协调机制中跨国资本的共同监管也应成为宏观货币政策国际协调的内容之一。

4. 完善国际金融货币体系

全球货币体系从最初的金本位制，经历了布雷顿森林体系以及现在的牙买加体系。在国际金融货币体系下，不同汇率制度的选取在一定程度上会影响货币政策协调的效果。

对于完善国际金融货币体系的认识，Stanley Fischer（1987）在文中说到，后布雷顿森林体系时代，再返回固定汇率制度已不太可能，但是改变现行国际金融体系还是有必要的。麦金农（McKinnon，1984）曾建议在美国、德国和日本间进行货币供应量增长率的协调，他的建议是源于货币增长率和汇率之间的联系，高通胀导致汇率贬值。因而，积极改善国际货币体系，能更好地服务于一国的货币政策。

黄梅波、陈燕鸿（2009）也从国际金融体系的角度出发，认为 IMF 作为国际金融体系的协调主体，应该加强其对储备货币国的监督，同时应充分发挥国际金融体系组织者的作用，加强交易的透明度，更深入地考察国家之间的溢出效应，及时起到预警作用。涂仁标（2010）指出，在美元主导的国际货币体系下，美元的波动会影响其他国家的货币，因而不利于国际贸易的发展，这也是经济危机加深的原因。因此，改善国际金融体系，加大发展中国家在经济舞台的话语权，也成为后危机时代人们的呼声，这也有利于使各国政府在经济政策协调上较易达成一致意见，同时，也能改善世界经济的稳定发展。赵青松（2011）通过分析美国次贷危机、各国国际货币政策措施及实施效果后，提出了应构建以二十国集团（G20）为中心的国际金融治理框架，完善各国间货币政策交流、协调，加强各国央行间信息交流和危机管理水平，提高决策的有效性。

1.2.7 后经济危机时代国际宏观货币政策协调发展

19世纪70年代后，伴随着宏观经济政策协调的加深，一些区域性的国际协调组织也相应成立，包括亚太经合组织、东盟自由贸易区、美加自由贸易区等，丰富了国际宏观经济政策协调体系的发展，使得合作范围和深度进一步加大。G7也从原来的七国集团慢慢扩大为G14、G20等，吸纳了不少新兴的发展中国家，使得发达国家与发展中国家成功对话，共同协调世界经济政治等多元化发展，G20也标志着宏观协调达到一个更新的高度。然而，美国次贷危机、欧债危机的爆发引发了新一轮对国际宏观经济政策协调的深思，欧元区启动的量化宽松政策也暴露出国际协调中存在的一些问题，这都为我们今后实现更好的协调效果敲响警钟。

欧盟经济政策协调已有二十多年的历史，从最初的十几个国家发展到目前的二十八个成员国，其在货币政策协调方面取得了巨大的成功，并且具有一定的经验。

20世纪90年代，欧洲货币联盟的进程引发了一系列关于欧洲经济发展的理论和实证方面的研究，国内外许多学者也对欧盟经济政策协调进行过分析，包括协调的目的、协调的原因、协调的溢出效应与收益等。研究分析显示，在欧洲存在内部与外部的溢出效应，外部效应因欧洲与世界其他经济体相互交易而产生，内部效应来自于欧洲货币联盟经济体内部。欧债危机的爆发暴露出政策协调的一些问题。在欧盟的宏观经济政策协调研究中，主要存在以下三个问题：

（1）共同货币当局的独立性和信誉问题

Mourmours 和 Su（1995）基于欧盟各成员国具有稳定的债务的情况下，建立了一个成员国与货币当局的动态模型，他们得出结论：若共同货币当局能够保证其独立性，那么这将促进货币政策的传导、约束规范，并且防止没有统一财政政策缺陷而产生的不利经济效应。Beetsma 和 Uhlig（1997）基于税收扭曲的情况下，对税收进行分析，认为若共同货币当局不保持其信誉，那么就会产生高通货膨胀；但若共同货币当局保持其独立性和信誉，那么良好的货币政策传导会有利于财政政策的约束。Artis 和 Winkle（1997）通过分析得出，当各成员国在统一的货币联盟内采取斯塔克伯格模型的追随者战略，若货币当局信守平稳物价政策且保持独立性，则有利于形成稳定的货币联盟，并促进财政政策的相互协调。

（2）货币和财政政策相互作用的问题

Levina 和 Brocine（1994）通过分析得出，在财政政策未统一但货币政策统一的联盟内，易发生通货膨胀；但若进行财政政策协调时，以上负面情况可以避免。库珀（Cooper，2000）和 Kempt（2000）通过构建一个两国博弈模型，分析了在一个共同货币联盟下，财政政策与货币政策相互协调作用的两种情况：若货币政策与财政政策协调的目标一致时，货币政策的领导可以改善经济状况；若财政政策领导时，货币政策的改进也可以改善居民的福利，实现帕累托最优。

（3）财政政策协调及约束问题

Alesina 和 Drazen（1991）的文章中得出结论，在一个共同货币联盟内，每个国家财政政策的不统一有利于调控债务和赤字，使得搭便车等现象发生，从而导致财政政策的协调约束受到危害，影响货币联盟的稳定；《稳定与增长公约》与《马约》作为约束货币联盟内各成员国财政政策的协调机制，可以减少联盟内的溢出效应。Giovanniniy（1994）同样认为，如果对财政预算实行硬性的约束规定，那么将使得各成员国内部的经济问题转移输出给其他成员国，以减少对货币联盟的经济冲击。多恩布什（Dornbusch，1997）指出，尽管财政政策在理论上可以约束预算，然而实际上，若央行保证承诺，则约束反而会束缚财政政策，并影响其功能的发挥。Laursen 和 Metzler（1950）使用传统的凯恩斯干预模型分析得出，如一国实行扩张的财政政策，将导致本国收入产出水平增加，但由于世界利率提高，其产生的溢出效应又将导致其他国家的收入产出减少，从而使其国内支出的增加传导到其他国家，影响其他国家的收入产出水平。Masson 和泰勒（Taylor，1992）根据德国经济状况的变化状况，考察了汇率协调体制下其与其他欧盟国家的利率汇率外溢效应，并得出结论：当德国实施扩张性的财政政策，增加本国收入产出水平时，将导致其他国家的国内产出减少，产生负面的溢出效应，因而得出财政协调的重要性。

当然，部分学者也提出反对的意见，质疑政策协调的效果。比如，Eichengreen（1996）指出，在欧洲货币联盟中，各成员国实行的跨界政策协调产生的负面溢出效应并不显著，从而使政策协调的经济收益极其微小。Beetsma 和 Bovenberg（1998）进一步分析得出，跨国家间的政策协调负面溢出效应非常有限，因而各成员国间的政策协调是很多余的。

1.2.8 国际货币政策协调过程中中国面临的机遇与挑战

经济一体化进程中的货币政策协调通过逐层递进的演化已成为一种比较完善的制度，它以其运转效率的提高、协调合作的便利改善了整个国际宏观货币政策协调制度，通过一系列的货币政策协调，各国在经济上形成了紧密的联系，依赖程度加深。经济全球化给各国经济发展既带来了机遇，又带来了严峻的挑战。在历经次贷危机和欧债危机后，加强国际金融监管，强调各国之间经济政策协调，已成为发达国家与发展中国家共同面临的课题。在这样的大背景下，如何处理中国与世界的关系，积极探讨全球化与中国经济增长的互动性，已成为一个迫切的问题。

随着经济全球化趋势的增强，中国作为发展中国家中的大国，不可能封闭起来，而是要积极地投入到全球化的洪流中，抓住机遇，勇于迎接挑战。随着改革开放的深入，中国需要与国际制度接轨，在制度、规范上与世界主流融合。但是，中国毕竟是发展中国家，经济实力与发达国家相比还有很大的差距，这就使得中国在与其他国家的贸易往来中，会出现一些利益冲突，处于一种两难困境：一方面要参与国际制度，另一方面在参与中可能使国家对经济的控制力下降，甚至主权受到冲击，安全受到威胁。这就需要根据本国的经济状况，权衡利弊得失，然后再进行决策。杨槐（1999）提到，当今的世界正走向开放和融合，对于我国来说，既是机遇也是挑战，随着资本管制程度逐渐放宽，我国的经济政策矛盾也日益加深，一国经济的微小波动都有可能诱发大规模的经济危机；在制定政策方面需要关注开放经济下的目标冲突及政策协调机制，通过合理的政策协调机制来解决内外矛盾，最终达到国民经济的内外均衡。

学者成新轩（2003）指出，随着改革开放的推进，中国面临着诸多冲击，形势较为严峻，如贸易政策协调中的冲击、对货币政策独立性的冲击、汇率制度选择遭遇的冲击等。对中国而言，开放的进程还比较短，没有积累深厚的经验，并且随着开放程度的加大，面临的各种冲击也越来越多。为了能够抵抗冲击，化解冲击，一方面需要增强本身的实力，另一方面就要积极进行国际政策的协调，在国际经济规则中力求主动的地位。中国在亚太经合组织中占有很重要的地位，将会对东亚地区的区域经济合作产生很大的带动作用，使亚太地区的合作朝向实质进步的阶段发展，中国在参与区域组织政策协调方面的能力将会加强。所以，在未来几十年内，亚太经合组织内各成员之间的货币政策需要一定的协调，政策协调也将对经济产生很大的推动作用。

成守南、潘瑞生（2006）分析，在全球经济和货币一体化的趋势下，如果亚洲各国能够互相信任、相互合作，那么亚洲经济也能够相对平稳地发展，亚洲区域货币整合仍有巨大的潜在空间。在亚洲金融危机中，中国保持人民币的不贬值其实就是一种积极参与货币政策协调的体现。所以必须主动参与国际经济政策协调，制定一种符合世界人民利益的国际货币制度。

李海燕、郭翠荣（2009）指出，随着 2008 年美国次贷危机和 2010 年欧债危机的爆发，在全球金融危机背景下，中国经济在国际经济舞台上越来越占据重要地位。自2006年以来，中国GDP已超过德国，成为仅次于美国、日本的经济大国。中国政府十分清醒地意识到，在经济危机下非常有必要进行各国的货币政策协调，并付诸行动。作为目前世界第三大经济体，中国经济的稳步发展就是对缓解危机的最大贡献。中国应与其他国家在经济政策协调方面一直保持积极的态度，加强共同合作。

近年来，亚洲地区也出现了多次政策协调合作，如亚太经合组织（APEC）、东盟十国加中日韩“10+3”框架，确立了定期首脑会晤以及各国央行行长对话机制，这种机制建立了地区间监控资本项目流动的路径，并就增强地区抵御金融危机的能力等问题达成了共识，而且共同建立了双边货币互换的合作机制。同时，就中国已有的国际政策协调而言，中国在加入国际组织、参与国际协调方面有着良好的记录。尽管如此，黄梅波（2004）认为，在国际宏观货币政策协调领域，占主动地位的始终是发达国家如美国、欧盟等。而在当今经济全球一体化的格局下，一方面，发展中国家自身存在众多无法调节的经济问题，如经济目标冲突、体制不完善等；同时发展中国家经常在经济危机中受到冲击，影响其自身的经济发展。故而，在国际货币政策协调中，也使得我们必须重视它们的需求；与此同时，由于不断的发展和改革，它们在综合实力与经济发展中都取得了长足的改善和进步，逐渐在世界经济的舞台上汇集成重要的力量，悄然改变了由几个发达国家寡头垄断的局面。不仅是许多发达国家，甚至一些新兴的发展中国家也对世界政治经济事务表现出极大的关注与责任，我们不能忽视这些新兴国家的实力与利益诉求，而应予以重视。

赵青松（2011）通过分析美国次贷危机后各国国际货币政策措施及实施的效果，认为随着中国与世界经济依存度的逐渐提高，中国应积极参与以G20为核心的国际经济体系，主动参与国际货币政策协调，加强与欧洲、美国的经济合作，联合G20中的新兴发展国家，共同谋求发展中国家的利益，提升新兴市场的话语权和身份认同，在人民币不断升值的情况下，更应关注国际溢出效应。

随着经济全球一体化进程，我国经济对于世界经济的融合度加大，政策的溢出效应越发明显，这就要求我国必须参与经济政策协调，明确协调目标和协调的态度，在维护共同利益的前提下，力争在国际经济政策协调中，争取更大的利益。但是，在既要维持本国利益，又要积极参与国际经济政策协调的两难选择中，我们将以何种姿态参与到国际制度中，是值得我们思考的一个问题。我们也可以借鉴历史上货币政策协调发展完善的地区国家，更好地融入到国际经济潮流中，为我国未来的宏观经济政策提供一些启示，把握好现实和未来。

1.3 研究方案

（一）研究目标

本书选择“国际货币政策协调研究：多国博弈的视角”作为研究题目，试图从时间上总结和梳理宏观货币政策协调理论和实践的发展脉络，分析检验货币政策协调的收益和制度安排，然后从宏观政策协调的角度分析欧元区的政策协调，最后研究国际货币政策协调过程中中国面临的机遇与挑战。通过研究想要达到如下目标：第一，从时间的角度梳理宏观经济政策协调的理论与实践脉络，建立模型来分析政策协调的效果。第二，针对后经济危机时代欧美的霸权经济，立足于中国的经济基础展开，分析如何参与和应对世界宏观货币政策协调，以争取更多的利益和话语权。

（二）研究方法

本书拟采用实证研究和时间顺序相结合，以时间为经、货币政策协调为纬，每一部分选取重点问题展开讨论，尽量选择理论性较强、具有相当影响力的学者和代表性观点进行梳理和分析，并对后经济危机时代的欧美的政策进行论述，在此基础上提出中国面临的机遇与挑战。本书涉及较广，数据资料须翔实、丰富，故本书将以资料查阅、计量分析等方法为基本研究方法，应用宏观经济学、计量经济学等方面的基本理论进行分析，选取合适的因变量和自变量建立相关模型，把规范与实证、理论与计量、定性和定量分析相互结合起来，系统分析因变量与自变量两者之间的关系，并且逐一分析各个自变量对因变量的影响，最后得出结论，提出相关的意见和建议。

1. 文献分析法

文献研究法贯穿始终，从撰写综述、实证研究到提出对策都用到了此方法。文献研究是研究了解国际宏观经济政策协调内容及其实施效果的主要手段之一。

2. 计量分析法

运用数据和建立模型，检验宏观货币政策协调产生的效果并进行评价，依次提出制度安排及合理的政策建议。

3. 归纳法

归纳法亦称为经济简约法，是指将所得到的大量资料分门别类地加以归纳概括，在必要时还要把抽象和复杂的经济现象简约化，这样有利于进行定性和定量分析。

具体到本研究，对国际宏观货币政策协调存在的问题来源进行归纳，在经典模型中引入时滞动态分析。

（三）研究思路和提纲

本书拟以国际宏观货币政策协调的重大事件为时间线索，对货币政策协调进行梳理，并试图构造一个理论模型，形成自己的宏观货币政策协调理论体系。分析当前宏观货币政策协调实践产生的问题及原因，并检验政策协调所能带来的效果，依次得出合适的制度安排。基于后危机时代欧盟及美国的政策协调的做法，提出中国在世界经济政策协调过程中面临的机遇与挑战及应对措施，以争取发展中国家更多的话语权。故本书拟将时间顺序和事件研究相结合，以政策协调领域出现的问题为中心，研究学者们的理论划分，并拟从中提炼出原因和对策，归纳出欧美的做法并评析，寻求中国的应对策略，并用同时期欧元区内部货币政策协调的发展做借鉴。

1.4 预计研究难点和创新之处

（一）创新点

1. 首先，从研究视角来看，迄今为止，从多国的博弈角度探讨关于国际宏观经济政策协调发展的文献并不多，研究角度较新，现有的研究往往是作为实证研究的一部分出现的。故笔者打算系统梳理国际宏观货币政策协调的历史，分析其理论的来源，并从中构造一个一般的货币政策协调博弈理论模型。

2. 其次，从研究工具来看，采用了博弈论作为工具方法。国际货币政策协调领域的发展，在 20 世纪 80 年代曾成为经济学者关注的焦点，但后来经验证明协调的收益很小，就逐渐沉寂，到近几年又成为了研究的焦点，由于考虑了预测的变化和不确定性因素，政策协调模型的构建越来越复杂。而本书则根据假设条件，采用博弈论作为研究工具，构建了一个多国的博弈理论基础模型，解释了变量间的关系，并考虑到外部冲击，在非对称冲击与对称性冲击的背景下，对这两种情况的宏观经济政策协调进行了研究分析，比较非合作的纳什均衡、斯塔克伯格领导者均衡以及效率均衡三种方式，得出相关的最优结论，最后是研究对策的创新。

3. 最后，从对策建议来看，结合了动态经济形势的发展。现有的研究较少联系目前经济形势的发展动态，而笔者考虑到美国次贷危机及欧债危机后，欧盟内暴露出的政策协调问题，据此讨论对中国的借鉴作用及应对措施。随着经济全球化趋势的增强，中国作为发展中国家中的大国，不可能封闭起来，而是要积极地投入到全球化的洪流中，抓住机遇，勇于迎接挑战。随着改革开放的深入，中国需要与国际制度接轨，在制度、规范上与世界主流融合。但是，中国毕竟是发展中国家，经济实力与发达国家相比还有很大的差距，这就使得中国在与其他国家的贸易往来中，会出现一些利益冲突，处于一种两难困境：一方面要参与国际制度，另一方面在参与中可能使国家对经济的控制力下降，甚至主权受到冲击，安全受到威胁。因此，需要根据本国的经济状况，充分考虑其他经济体的影响，权衡利弊得失，然后再进行决策。

（二）难点

1. 因对国际宏观货币政策协调历史发展的研究比较少，故在研究过程中无成法可循，前人的成果可供参考的不多，只能慢慢摸索，从资料中找出前人思想的连贯性和关系。

2. 材料的掌握恐不够充分。关于货币政策协调的文献较多，且涉及博弈论、计量经济学等各种理论，遍览所有的文献有较大的难度，只能竭尽全力。另外，从浩瀚的史籍中找出前人在某一领域的主张和思想，也是较为困难的。

3. 学识和能力有限，研究方法和技术不足。在写作过程中，力争使本书的分析达到主观上的透彻和客观上的公平。然而由于学识有限，有时难以实现二者的兼顾，虽尽可能仔细求证，仍难免出现错漏。

第 2 章　国际货币政策协调的历史发展及机理

2.1　国际货币政策协调的内涵

国际货币政策协调的概念分为广义的国际货币政策协调与狭义的货币政策协调。从广义的角度来看，一切制约各国货币政策的行为都可以看成是国际间的货币政策协调，本书涉及的均是广义的货币政策协调；从狭义的角度来看，是指国与国之间通过磋商与会谈等形式，用制度调整共同的货币政策，并以此作为根据和基础，对各国国内经济政策进行调节。

本书所定义的货币政策协调，根据其程度的不同，可分为 6 个层次，下面按由高至低区分排列：

第一，是信息交换（information exchange）。我们认为，世界各经济体间为达到国内外经济均衡，就政策目标范围、政策目标侧重点等信息所进行的互相交换联系，即是信息交换。尽管具备信息交换，但各国间仍会对本国经济制定比较独立的经济政策。这种信息交换，有利于各经济体研究自身经济与国外经济间存在的溢出效应，并可以防止由于对他国的错误估计产生不利影响。信息交换属于最低层次的国际货币政策协调。

第二，是危机管理（crisis management）。这层定义是指各国政府针对外部经济中临时出现的、突发性的、并将引起严重后果的经济政治冲突，共同采取措施以缓冲危机，并顺利使各自的经济平稳过渡。主要用来防止经济危机的程度加剧及其向其他国家蔓延的态势，这一形式的出现也比较偶然，具有临时性的特点。

第三，是避免共享目标变量的冲突（avoiding conflicts over shared targets）。共享目标变量是指当两国或多个国家共同面对一个经济目标如多国间的汇率浮动时，由于多国或两国间对各自经济体制定的经济目标不同，产生了相互间的冲突，导致共享目标变量的产生，由于经济冲突的存在，其制定的政策相互之间便具有竞争性，如各国之间采取使本国货币竞相贬值这样的典型冲突。

第四，是合作确定中介目标（cooperation intermediate targeting）。一国的某几个经济变量发生变化，便会通过传导机制对他国经济产生经济溢出效应。所以，为避免产生这种不利的外部冲突溢出效应，各国都很有必要对两国间的这些传导中介目标作出调整与协调。这类目标的范围比较广，既包括了共享目标变量，也包括了如固定汇率制下的本国货币供应量这样的其他变量。

第五，是部分协调（partial coordination）。世界各经济体根据自身经济状况，就各自国家内部一部分政策目标或政策工具进行内部协调，这种行为被称为部分协调。比如说，一国不考虑国内经济其他工具或目标，仅考虑对本国的国际收支状况进行协调，或者，对其他国家的财政政策不予涉及，而只对本国的货币政策进行调整的方式。

第六，全面协调（international policy coordination）。这是一种非常全面的协调方式，是指世界各经济体考虑包括所有的货币政策目标工具来进行全范围的政策协调，以期使协调收益最大化。

进行国际间货币政策协调的方式有两种：相机性协调（discretion-based coordination）与规则性协调（rule-based coordination）。

相机性协调是指各国根据自身经济具有的实际基础，在不需要对各国应采用的货币政策组合进行规定时，通过各国间的协商来确定各国应采取的组合。在这种协调方式下，协调采取了外在的明确形式。相机性协调的比较优势是其充满灵活性，各个国家可以根据自身面临的不同需求进行全面的探讨与合作，但其也存在一些不足，如实际可操作性与信任度较差。从实际可操作性来看，可以将各国的协调行为视为一次次的讨价还价，这样的行为不仅使各国决策与协调的成本提高，而且由于缺少明确的协调规则，使得各国完全可以自由协定，从而缺少规则的约束，此外，也难以对各国政府进行制约，合作的一次性导致投机动机，并且由于规则制度的缺失，也将造成一些国家违约或搭便车的状况发生。这使得未来具有极大的不确定性，并造成连续性的缺失，进而影响政策的执行效果和普通群众的预期心理。

规则性协调是各经济体在采取措施实现内外均衡共同协调时，会制定出一类明晰的规则作为指导。规则性协调的比较优势是在制定政策的过程中，规则明晰，具有更高的稳定性，由于其有效的外部性约束，而且更具有可信度，因而受到众多国家的广泛青睐。规则性协调的优势主要表现在以下几点：（1）合理的外部性约束的形成取决于其明确的制度规则，以规范各国的行为约束。（2）政府以国际规则为借口更容易地执行政策，减少国内对政策的争论。（3）规则的长期性可以鼓励参与各方考虑行为的长期结果，从而减少搭便车行为。规则性协调的缺点也很明显，表现在：（1）规则不容易达成，因为各国对一系列规则达成一致认同是困难的。(2)规则可能包含着对参与方的不对称义务，这会对规则的持续性产生影响。(3)规则缺乏灵活性，新规则的产生是困难的。实际上，国际货币制度是指在国际货币体系下，各经济体为实现自身经济的内外均衡，而在货币等基本问题上采取一定的协调规则，并制定完整的有效的制度规定。在国际货币制度的历史上，金本位制、布雷顿森林体系、欧洲货币体系都是规则性协调方案。

2.2 国际货币政策协调的历史演进

作为国家间交往的一种重要方式，经济领域的宏观货币政策国际协调可以追溯到第二次世界大战前。但由于历史条件的限制，“二战”以前的国际协调发展缓慢，时断时续并且带有一定的偶然性、局部性和单一性。“二战”之后，真正意义上的宏观货币政策全球化的趋势日益增强，它超越民族国家的界限把世界经济的各个领域越来越紧地纳入到一个统一的生产体系和分配体系之中，但不同国家利益目标不同，必然引起国家间的经济摩擦和矛盾。为了避免摩擦和矛盾发展到激烈对抗的地步及造成不利的影响，便产生了加强宏观货币政策协调的共同要求。

国家间进行国际宏观货币政策协调始于 1925 年，当时英国在美联储的支持下，重返金本位制度，伴随着世界经济大萧条和布雷顿森林体系的建立，政策协调机制被打破。

国际货币协调开始于 20 世纪 50 年代，但在当时的固定汇率制度下，大多数国家优先考虑内部均衡，除非在外部失衡情形严重时才会考虑外部平衡。直到 1973 年国际上实行浮动汇率制后，面对浮动汇率制中出现的种种问题，政策协调才开始得到各国的重视，并逐渐成为金融学的一个重要组成部分。

在金本位时期的固定汇率制度下，国际宏观货币政策协调并不被认同，人们认为金本位制是各国央行最有效的协调机制，政策容易进行协调。有人认为，因为这些国家的一个共同信念和首要目标是：钉住国内货币黄金的价格。当央行干预一国金融市场时，他们只是机械地服从经济规则，这决定了他们只能改变国内货币的供应和信贷市场的平衡。比如，当央行提高贴现率时，其正失去外汇储备，而央行获得储备则需降低贴现率，以恢复外部平衡。故在金本位制下的货币政策是一个最好的例子。

在金本位制度的理论中，并没有关于货币政策协调的内容，整个调整过程是机械的，强调的是内外部平衡的价格。黄金的流出导致货币贬值，物价下降，直到赤字国的国际间商品竞争得到充足的加强，外部达到平衡。机械的调整过程重点强调财富的角色和实际的平衡，一国央行在此过程中只是机械地巩固国内货币供应和信贷市场的黄金流量。

浮动汇率制下国际货币政策协调实践可以划分为以下几个阶段。

第一个历史阶段是 1974—1979 年。

1973 年布雷顿森林体系坍塌瓦解后，一些发达国家开始主动研究浮动汇率制度下的货币政策的协调问题。1974—1979 年，各国都处于经济衰退时期，最主要原因是因为布雷顿森林体系带来的高通货膨胀。为保证经济产出与通胀率的稳定，保持世界经济的平稳复苏，七国集团的政策制定者从 1975 年以来，每年定期举行一次经济首脑会议进行政策商讨并形成制度。七国集团不仅就有关部门的经济目标及政策进行对话，还设计了各种经济指标，衡量各个经济体的状况，协助它们监督国内政策的国际影响。当 1973 年世界第一次石油危机爆发后，各国经济体相继通过紧缩性的财政政策，如降低税收，来维持本国经济总水平的发展。可是因为工资具有黏性特征，所以失业率依然很高；与此同时，各国的通胀率也非常高。1973 年后，美国国民收入的增长速度快于其他几个经济大国，从而使其净出口平衡产生恶化，美元汇率趋于贬值。美国政府一方面希望遏制这种趋势，但同时又不愿意放慢需求增长，因此就希望通过促使德日需求增长的途径，也就是希望采用更为积极的货币政策来解决这一矛盾。反过来，德日两国则希望美国放松对国内石油价格的控制，任其升至世界通行的水平。在有相当长的几年分歧后，终于各国在 1978 年的波恩首脑会议上首度达成一致意见，即日本和联邦德国采取扩张性政策，来提高对美国出口的需求。同时，美国也采取削减计划来降低世界石油价格水平，使其提高到世界水平，以便改善各国国际收支，抑制美元贬值。另外，美国政府也表示出降低通货膨胀的意愿。波恩会议的意义在于，它开创了各国首脑进行政策商讨并形成制度的先河，对各国政策制定者（尤其是美国和前联邦德国）提出了具体的要求。但是现实的经济运行却并未实现其预期目标，尽管美国也从对石油价格控制的放松中获益，但其国际收支并未好转；而且到了 1979 年 10 月，其通货膨胀状况已相当严峻。与此同时，联邦德国和日本的经济扩张程度很低，前者的政策扩张仅能够抵消其原有的较紧的财政政策，但同时又伴随着国内的货币紧缩政策，在第二次石油危机冲击的影响下，措施几乎未使高通货膨胀和经常账户失衡的状况得到改善。

随着美国布雷顿森林体系的垮掉，G7——七国首脑会议（美国、英国、德国、法国、意大利、日本、加拿大）应运而生。会议每年召开一次，七国首脑就经济政策进行协调，与此同时，七国财长及央行行长定期讨论会议机制也已形成，G7 在国际宏观货币政策协调方面也发挥着越来越重要的作用。

第二个历史阶段是 1980—1985 年。在这五年中，由于各国都面临持续的高通货膨胀率，并已逐渐成为各国的首要经济问题，因而各国政府将抑制通货膨胀作为本国追求的经济目标。各发达国家的政府通常都觉得，传统的货币政策工具对经济产出的影响不明显，政府只能通过如降低通胀率等方式来改变自身国家的经济制度和规则。正因为这样，许多经济体均使用紧缩的货币财政政策，使得长期利率上升，经济更出现了衰退，如此往复，发达国家的衰退又促使世界经济整体下行。在这一阶段，世界各国之间并未出现货币政策协调的合作模式，反而是由于这种各自处理各自事务的行为使得紧缩性政策累积，往复循环使得世界经济陷入非常严重的倒退期中。在这一时期，各国的经济现象均表现为较高的通胀率和较低的经济产出，而抑制通胀成了各国的首要目标。由于当时货币主义理论占优，各主要工业国家政府都以该理论为指导，为了抑制本国的通货膨胀，都使用了紧缩性的政策，结果出现了较高的通胀率和较低的经济产出，纽约广场饭店协议和东京首脑会议就是在这种背景下产生的。

1984 年年初，美国经济走出了 1981—1983 年的萧条开始复苏，国内产出增加，失业率下降。虽然扩张性的财政政策对经济复苏做出了贡献，但也造成了美国政府不断攀升的预算赤字。1985 年，一些发达国家国际收支出现不平衡现象，其表现在于美国的经常项目赤字和联邦德国、日本的经常项目盈余；另外，在一国的外汇市场上，美元处于不断升值期间。在 1985 年，美国和其他国家的利差在不断减少，因此美元的升值实际上是一种投机现象。随着美国经济复苏速度的减慢，美国国会中的保护主义势力增大，美国贸易伙伴国的情况也因里根政府的放任自由政策而恶化。在 20 世纪 80 年代早期，各国曾要求美国政府降低美元汇率，但都没有效果。各工业化国家货币与美元的汇率上下波动，造成了世界贸易体系的恶化。美国和西欧以及美国和日本之间的贸易战一触即发，这就是 1985 年广场协议签署的背景。

1985 年 9 月，五国集团的首脑在纽约的广场酒店会晤。由于维持美元的汇率难度比较大，经协商，各国首脑一致同意应降低美元的币值，通过共同的经济政策协调，防止美元升值造成的全球经济衰退影响各国的复苏。会议最终的意见是，德国、日本实施扩张性财政货币政策，如减少税收、扩大支出等，以期提高国内经济需求；美国则要继续进一步减少其财政赤字。另外，所有的参与国都同意在必要时干预货币市场，使美元有秩序地进一步贬值。广场饭店协议的短期效果是明显的，西方各国的联合干预使美元汇率在 1985—1986 年出现了大幅回落，各国金融市场结构失衡现象有所改善。但美国的贸易逆差仍然严重，美国政府再次希望德、日实行扩张性宏观货币政策。

1985 年的五国首脑会议，使人们意识到，单单只靠一国的内部政策，是不能达到某个经济目标的，而需要世界各经济体的相互合作与国际协调。所以，各国非常有必要进行共同的协调合作。会议最终的意见是，德国、日本实施扩张性财政货币政策，如减少税收、扩大支出等，以期提高国内经济需求；美国则要继续减少其财政赤字。1986 年的东京首脑会议，各国首脑一致同意，七国集团应至少每年定期举行一次会谈，共同商讨应对各国经济政策的相容性问题，并促使其成为各自制定政策目标的基础。根据该会议精神，日本银行将实行较为扩张的货币政策，美国政府将“继续与保护主义作斗争”，并同意维持现行美元与日元汇率在 1:154 的水平上，即美元无须进一步贬值。

第三阶段，是在 1985 年之后。各发达国家都出现了国际收支失衡现象，如美国国际收支表的经常项目赤字，联邦德国和日本则出现了国际收支的经常项目盈余。而且，在美国和其他国家的利差不断缩小的同时，美元却不断升值，这说明美元的升值实际上是一种泡沫现象。由于维持美元的汇率难度比较大，经协商，各国首脑一致同意，应降低美元的币值，通过共同的经济政策协调，防止美元升值造成的全球经济衰退影响各国的复苏，并且延续第一阶段时期的相机抉择合作形式来进行国际货币政策协调。

1985 年 9 月，五国（英、美、德、法、日）首脑达成协议，采取联合干预措施使各国货币有规律地对美元升值。到 1986 年 1 月，美元价值下降了 20% 左右。1987 年在巴黎再次召开了七国首脑会议，根据当时汇率不稳定和美元汇率波动幅度过大等问题讨论了国际货币政策合作问题。

使用货币政策以达到经济领域的协调，使得各国也逐渐认识到，货币政策的协调合作有利于世界经济的平稳发展，促进各国的经济复苏，并克服世界经济体的国际收支失衡问题。1985 年的五国首脑会议就认识到，如果要追求某个经济目标，需要的不单是本国制定内部政策，同样需要世界各其他国家的相互政策协调合作。在 1986 年的东京首脑会议上，各国首脑一致认可，七国集团的首脑至少定期每年举行一次会谈，考察各国经济政策目标的相容性，并将一些经济指标作为各国政府制定经济目标的基本规则。

1987 年 2 月在巴黎举行的会议上，七国政府就美元汇率问题达成了更广泛的一致，签订了卢浮宫协议。这次在巴黎举行的会议制定了汇率合作的基础原型，是在汇率目标区的基础上继续发展的。另外，会议也将协调的经济目标制定为：美国减少政府赤字，联邦德国减少税收，日本降低利率及增加政府支出。这次会议取得了比较丰富的成果：在 1987—1989 年期间，美国的财政赤字减少为国民收入的百分之三，德国减税刺激就业的政策也取得了一定的成效。但分析家认为，日本实施扩张性政策是导致 1987—1989 年资产泡沫的主要原因，日本的房地产和股票市场价格异常高涨，结果日本银行不得不采取通货紧缩，这又导致了日本进入了战后严重的经济萧条时期。到 1990 年为止，美国继续维持减少财政赤字的计划，可是由于 1990 年产生的经济增长率大幅度下降与年中的科威特事件，使得格局产生变化。1991 年，美国的政府赤字为其经济产出的百分之五。到 1991 年年中，日本降低了利率，使得经济出现复苏现象。从 1992 年到 1993 年，在一些发达国家的经济压力下，日本持续下降利率。与此同时，德国也跟着被迫降低了利率。总体来看，卢浮宫协议之后，货币政策协调一直向着协定所建议的方向迈进，但合作仍然是松散的，有待进一步加强。

伴随着协调的热潮，一些区域性的国际协调组织也纷纷成立，包括亚太经合组织、东盟自由贸易区、美加自由贸易区等，丰富了国际宏观经济政策协调体系的发展，使得合作范围和深度进一步加大。G7 也从原来的七国集团慢慢扩大为 G14、G20 等，吸纳了不少新兴的发展中国家，使得发达国家与发展中国家成功对话，共同协调世界经济政治等多元化发展，G20 也标志着宏观政策协调达到一个更新的高度。

随着 1992—2002 年十年冷战的结束，全球经济一体化日趋明显，八国首脑会议逐渐增多，议题从最初的经济、政治扩大到健康、核问题等，包罗万象。上海合作组织、亚洲经合组织、欧盟货币区等组织的建立，使世界范围内的宏观货币政策协调越来越丰富。

上述介绍了自金本位体制后推行浮动汇率制的前几十年里宏观经济政策国际协调的一些实际努力。经过有关各方的努力和实践，这些政策协调在当时起到了应有的作用，发挥了一定的效力。这些政策国际协调都是各国为适应实际经济状况的要求通过协商来确定各自应采取的政策组合，属于相机性协调。相机行协调方式的优点是可以针对不同的情况进行更为广泛的协调，缺点是可行性与可信度差、决策成本高、易于违约；政策协调还处于无制度的松散状态；协调的政策主要是应付短期性、临时性困难而采取的对策，协调各方都是出于自身利益的偏好而不得不妥协。所以，很难期望它有过高的价值和益处，有些甚至对经济稳定与发展起到了负面影响。但是，起码不能低估政策协调本身的作用。各国领导人能坐在一起，开展协商对话，制定共同的政策措施，联手干预就是进步。

就在各国政府进行货币政策合作探索的同时，许多经济学家也对该问题展开了进一步的研究，提出了许多政策合作的方案。这些方案对实践起到了一定的指导作用。

在货币政策协调进行得如火如荼时，许多学者也设计了一些非常有意义的协调方案，对推动政策协调的发展具有重要作用，例如托宾（Tobin，1972）

的 Tobin tax 方案、麦金农（Mckinnon）的固定汇率制方案、Williamson 等人的汇率目标区方案。

2.3 国际货币政策协调的机理研究

随着经济一体化的加快，世界各国间经济溢出效应逐渐增加。由于世界经济发展的不平衡性，各个国家经济政策的选择往往相互矛盾，并导致世界经济的动荡和危机的爆发。如在 20 世纪 60 年代末，美元危机导致了战后布雷顿森林体系的崩溃；在 1973 年到 1975 年，发生了战后最严重的经济衰退；在 1973 年和 1979 年又有两次石油危机冲击；而 1979—1980 年世界范围的通货膨胀加剧，更是标志着第二次世界大战后曾一度高速发展的资本主义经济已深深陷入“滞涨”困境。在这种经济形势下，国际经济政策协调开始盛行起来。但是国际政策协调的实践并非只是 20 世纪七八十年代才出现的，国际经济政策协调在 20 世纪 70 年代以后，实行了各国首脑定期会晤，确立了定期协调的机制。正是由于政策协调实践的深化，引起了经济学界对货币政策协调理论的广泛讨论。目前，货币政策协调的理论包括以下两个方面的内容：一是国际相互依存理论，二是博弈论。

2.3.1 国际货币政策协调的相互依存理论

国际货币政策协调是基于世界各经济体之间的相互依存而产生的，它的产生并非偶然。早期学者们对货币政策协调的研究也是从这个基点出发的，紧紧围绕着相互依存理论以及政策的溢出效应开展讨论，分析和研究了政策协调的重要问题，为政策协调理论的发展奠定了坚实的基础。

国外学者对国家间的相互依存实践进行了深入的探讨，并依此提出了国际经济相互依存理论。1956 年至 1965 年期间，相互依存理论就逐渐出现在西方经济研究领域，当时的相互依存理论详细地描述了西方各国间经济上的相互依存关系；1965 年至 1975 年，这个理论有了更实质性的进展。与此同时，国外学者在研究了西方各国家间的相互依存后，更进一步地拓展为“南北”相互依存理论；1980 年以后，随着世界经济一体化进程加快，相互依存理论进而有了更快的拓展。

最初货币政策协调的理论是由美国学者理查德·库珀（Cooper）提出。他在 20 世纪 50 年代末 60 年代初，就开始研究欧洲经济一体化的进程，并于 1968 年发表了专著《相互依存经济学：大西洋共同体的经济政策》。

库珀（Cooper，1986）在文章中指出，相互依存理论主要包含了以下几个方面：

第一，经济结构上的相互依存，也就是说，由于多个国家之间经济高度开放，使得一国的经济政策会影响他国的经济，这就是因为国家间经济结构上的开放导致了国家间的相互依存。这些都表明，每个国家都会表现出更大的兴趣去了解与其经济结构高度相互依存的经济体的信息。

第二，各个国家间对于经济政策目标上存在着相互依存，即一国会对他国的经济政策目标表示密切的关心和注意，比如两国间的汇率、国际收支是否平衡等，更多的情况包括一国密切注意他国的经济状况，导致可能一国要实现其自身经济目标主要需要依赖于他国相关的政策配合。

第三，由于多个外生干扰变量之间存在相关关系，其差异也将会形成相互依存。若外生的干扰因素并非高度相关，则当一国受到外部因素冲击时，他国将会受到的影响就比较有限，如价格水平（库珀，Cooper，1974）；但若多国的外部干扰变量存在非常高的相关度时，则作用就会加强。这不仅会增强经济结构相互依存度的相同趋势，也会增强外生干扰因素（如经济波动）的相互依存度。

第四，各国之间宏观政策上的相互依存，也就是说，他国的行动很大程度上将会影响一国的最佳政策实现。结构和目标上的相互依存是直接导致政策上相互依存的原因，此时更强调政策上相互依存的博弈理论。

2.3.2　国际货币政策协调的博弈理论模型

在固定汇率制度内，国家间的货币政策是高度依存的。一国相同数量的货币扩张（紧缩）会对于其本国与世界经济体带来不同影响的经济效应。同样，在浮动汇率制度下，经济依存的问题也依然存在。麦金农（Mckinnon，1974）就曾提出一个三边协议，即美国、德国和日本间保持稳定的汇率关系，这充分体现了世界经济体之间的依存关系。

大多数传统的研究并没有太多关注货币政策本身的属性——经济依存关系。因为他们要么假设他国的政策是既定的，要么认为国际货币政策合作是给定的前提。通过货币途径来解决收支平衡问题说明收支失衡可以被看成是一种货币现象。当一国货币需求超过国内供给则收支盈余出现；当一国货币供应超过货币需求则收支赤字出现。同时，这种途径可以方便我们正式地研究货币政策依存的结构。Johnson（1972）得出一组结构方程，包括通胀率、收支平衡、国际货币增长以及不同国家的信用扩张率。从这些结构方程中可以得出：（1）世界通货膨胀率是国内信用扩张的加权平均数。（2）一国的盈余是另一国的赤字。

假设一个世界经济体是由一系列国家组成，且彼此之间汇率固定；假设商品自由流动，一国货币当局的效用函数依靠于通货膨胀率和其国际储备的增长；且一国货币当局拥有一个期望通货膨胀率（或通货紧缩率）和一个国际储备增长期望值（或减少值），一般来说，通胀率越低，国民福利越高。但当通货膨胀率低于一定值时，国民福利结果则不理想。因而，假设各国存在一个最合适的期望通货膨胀率值。同理，国际储备大于一定值时，会减少一国的消费投资机会，因此也假设一个最佳偏好储备值。

假设体系内存在 n 个国家，汇率在 n 个国家中是固定的，D_i，R_i 和 M_i 分别表示一国的货币供应量（信用扩张）、国际储备和货币需求量，则

$$D_i+R_i=M_i,\ i=1,\ \cdots,\ n \tag{2.1}$$

此处，R_i 由黄金、特别提款权（SDRs）、储备货币组成。实际货币需求被认为是实际收入 Q 和利率 r 的函数。

$$\frac{M_i}{p}=L^i(Q_i,r_i) \tag{2.2}$$

其中，p 是一般价格水平。$\partial L^i/\partial Q_i$ 大于 0，$\partial L^i/\partial r_i$ 小于等于 0。为简化模型，利率变化对货币需求的影响可以忽略。对式（2.2）微分，

$$\frac{\dot{\mathrm{D}}_i}{M_i}+\frac{\dot{\mathrm{R}}}{M_i}=\frac{\dot{p}}{p}+\eta_i\frac{\dot{Q}_i}{Q_i} \tag{2.3}$$

η_i 代表货币需求的收入弹性。

$$\eta_i\equiv\frac{Q_i\partial L^i}{L^i\partial Q_i}$$

定义 x_i 为信用扩张与货币需求的比超过实际收入的增长率与收入弹性的部分，

$$x_i\equiv\frac{\dot{D}}{M_i}-\eta_i\frac{\dot{Q}}{Q_i} \tag{2.4}$$

其中，实际收入增长率假设是外生的，定义 z_i 为一国收支与货币需求的比例。即

$$z_i\equiv\frac{\dot{R}_i}{M_i} \tag{2.5}$$

通过式（2.4）、式（2.5），令 $\dot{p}/p$ 为 π，则式（2.5）可以写成

$$z_i = \pi - x_i \text{，} i=1\text{，}\cdots\text{，} n \tag{2.6}$$

令 D、R 和 M 各自在这个方程组中，w_i 为 i 国相应的货币需求权重。

$$\sum_{i=1}^{n} D_i \equiv D \text{，} \sum_{i=1}^{n} R_i \equiv R \text{，} \sum_{i=1}^{n} M_i \equiv M$$

$$w_i \equiv M_i / M \text{，} \sum_{i=1}^{n} w_i = 1 \text{，} w_i > 0$$

令国际储备增长率与总货币量之比为 G_R，$G_R = \dot{R}/M$。因此，

$$\sum_{i=1}^{n} w_i z_i = \sum_{i=1}^{n} \frac{M_i}{M}\frac{\dot{R}_i}{M_i} = \frac{\sum \dot{R}_i}{M} = \frac{\dot{R}}{M} \equiv G_R \tag{2.7}$$

乘以式（2.6），可以得到，

$$\sum_{i=1}^{n} w_i z_i = \pi - \sum_{i=1}^{n} w_i x_i \tag{2.8}$$

最后，从式（2.6）、式（2.7）可以得出以下两个简化了的方程式，代表用货币途径解决收支问题。

$$\pi = \sum_{i=1}^{n} w_i x_i + G_R \tag{2.9}$$

$$z_i = \pi - x_i \text{，} i=1\text{，}\cdots\text{，} n \tag{2.10}$$

式（2.9）表明通货膨胀率由各自国内信用扩张的权重和国际储备决定。式（2.10）表明一国的收支平衡取决于供应过多的信用扩张。这两个式子本质是相似的。现在转而来求货币当局的目标函数及效用函数，效用函数用 $u^i(\pi, z_i)$ 来表示，假设它是一个严格的凹函数，则：

$$u_1^i = \frac{\partial u^i}{\partial \pi}\{\geqslant\}0 \tag{2.11}$$

$$u_2^i = \frac{\partial u^i}{\partial z_i}\{\geqslant\}0 \tag{2.12}$$

式（2.11）、式（2.12）表明，i 国有一个理想的组合点（a_i，b_i），a_i 可以看作一国偏好于通货紧缩，b_i 可以看作一国偏好于收支赤字。图 2–1 显示了一国的无差异曲线及最理想的组合点（a_i，b_i），其中 $a_i>0$、$b_i<0$。无差异曲线呈环状围绕着最佳组合点，因此，用此博弈模型来表示各国货币当局的货币政策相互作用。i 国的反应曲线可以通过最大化 u（Q_r，z_i）得到。即：

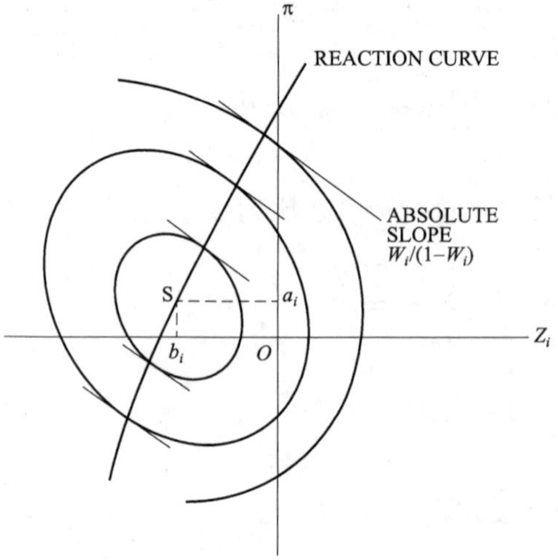

图 2–1　反应曲线，$a_i>0$，$b_i<0$

$$u^i(\pi, z_i) = u^i\left(G_R + \sum_{k=1}^{n} w_k x_k G_R + \sum_{k=1}^{n} w_k x_k - x_i\right)$$

求导，可得：

$$\frac{\partial u^i}{\partial x_i} = w_i u_1^i + (w_i - 1)u_2^i = 0\text{，}i=1\text{，}\cdots\text{，}n \tag{2.13}$$

最大化式（2.13），则可以写成：

$$-\left.\frac{\mathrm{d}\pi}{\mathrm{d}z_i}\right|_{u^i const} = \frac{u_2^i}{u_1^i} = \frac{w_i}{1-w_i} \tag{2.14}$$

通货膨胀率与国际储备增长率的边际替代率等于 $w_i/$（$1-w_i$），反应曲线与无差异曲线相切，斜率为 $w_i/$（$1-w_i$）。图 2–1 可以看出，一国越小，其反应曲线的切线越平滑，且更偏离水平线$\pi=a_i$，这表明 i 国更偏好于通货膨胀率。国家规模越小，则其在收支平衡上受到的影响会比在通货膨胀上遭受到的更大，且其受到的冲击大小会影响反应曲线的斜率。式（2.14）显示，u_1^i 与 u_2^i 具有相同的含义。因此，$\pi > a_i$，$z_i > b_i$，若一国期望有更稳定的价格水平，则应尽量减少通货膨胀率，并实现盈余的经济目标。一国最终在反应曲线上实际选择的点取决于其他国家的政策行为。古诺解就是反应曲线相交时的解，如式（2.13）。

相反，帕累托最优解则是在世界经济体中最大化：$\sum_{k=1}^{n}\beta_k u^k(\pi, z_k)$，参数 β_k，x_i（i=1，…，n），简化后即为：

$$\sum_{k=1}^{n}\beta_k = 1，\quad \beta_k > 0 \tag{2.15}$$

一阶导条件为：

$$\sum_{k=1}^{n}\beta_k u_1^k w_i + \sum_{k=1}^{n}\beta_k u_2^k w_i - \beta_i u_2^i = 0，\quad i=1，\cdots，n \tag{2.16}$$

改变式（2.15）中的权重β_k，就可以得到合作的最优帕累托解。将式（2.9）的 i 加总，可得：$\sum_{i=1}^{n} w_i = 1$，

$$\sum_{k=1}^{n}\beta_k u_1^k + \sum_{k=1}^{n}\beta_k u_2^k - \sum_{i=1}^{n}\beta_i u_2^i = 0，\text{或}$$

$$\sum_{k=1}^{n}\beta_k u_1^k = 0 \tag{2.17}$$

一般而言，期望的通货膨胀率是可以获得的，那么 u_1^k=0，因此，式（2.17）表明，当通货膨胀额边际成本权重为零时，帕累托最优是可以得到的。同样的，将式（2.13）的 i 加总，可得：

$$\sum_{i=1}^{n} w_i u_1^i = \sum_{i=1}^{n}(1 - w_i)u_2^i \tag{2.18}$$

对比式（2.17）和式（2.18），可以看出古诺解一般不取决于帕累托结构。当式（2.18）等号右边为正时，国际储备和信用扩张会有公共物品的性质，得出一个通货紧缩的古诺解。当等号右边为负时，国际储备和信用扩张不存在益处，得出一个通货膨胀的古诺解。

假设每个国家最期望的通货膨胀率是相同的，那么 $a_i=a$（也包括每个国家更希望保持价格稳定，即 $a_i=0$），在帕累托结构中，也就是$\pi=a$，于是 u_1^i 和 u_2^i 具有相同的意义。如果通货膨胀率大于最优值时（$\pi>a$），那么每个国家国际储备的增加量都会大于期望值（$z_i-b_i>0$）。如果通货膨胀率低于最优值时（$\pi<a$），那么每个国家国际储备的增加量会小于期望值（$z_i-b_i<0$）。考虑$\pi>a$ 的情况，即：

$$\sum_{i=1}^{n} w_i z_i - \sum_{i=1}^{n} w_i b_i > 0 \tag{2.19}$$

由式（2.7），可得，

$$G_R - \sum_{i=1}^{n} w_i b_i > 0 \tag{2.20}$$

从式（2.20）可以看出，$\pi>a$。因此，可以总结出：假设各国通货膨胀率的期望值是相等的，那么当且仅当国际储备的增长量大于其权重的增长时，古诺解的通货膨胀率将高于通货膨胀率的期望值。在这种情况下会伴随着过多的世界储备扩张，中央银行通过国内的信用扩张以防范过多的储备增长，从而增加了世界通货膨胀率。

同样，假设各国通货膨胀率的期望值是相等的，并考虑国家数量的增加所产生的效应。第 n 个国家分成两个国家，均对通货膨胀率和国际储备具有相同偏好，那么 $\bar{w}_n=\bar{w}_{n+1}=w_n/2$，如式（2.14）显示，这两个国家的反应曲线更加偏离了帕累托最优线。因为第（$n-1$）个国家的反应曲线仍然保持相同，古诺解将会更加偏离通货膨胀率的期望值。实际上，相同的通货膨胀率和相同的收支平衡（$\pi, z_1, \cdots, \bar{z}_n, \bar{z}_{n+1}, \bar{z}_n=\bar{z}_{n+1}=z_n$）会保持式（2.18）等号左边不变，但是式（2.18）等号右边将会引入一个新的权重进来，即 $\bar{w}_n=\bar{w}_{n+1}(=w_n/2)$，因而，分成两个国家将会使得古诺解更偏离帕累托最优结构。

斯塔克伯格领导者模型的解可以同样被用于这 n 个国家的情况中，假设国家 1 的行为是领导者，其他国家则是跟随者，领导者以其他国家的反应曲线为准，最大化它自己的效用函数 $u^1(\pi, z_1)$：

$$w_i u^i + (w_i - 1)u_2^i = 0\text{，}i=2\text{，}\cdots\text{，}n$$

斯塔克伯格解一般也不取决于帕累托最优，古诺解和领导者模型解是否会偏离帕累托最优是不能下定论的。在美元主导的世界货币体系中，美国更接近于模型中的领导者角色，这种情况在长期中更适用。

为方便理解不同规模不同偏好的国家货币政策协调的相互作用，用简化的代数几何形式来分析经济情况。效用函数的数学形式为：

$$u^i(\pi, z_i) = -[(\pi - a_i)^2 + c(z_i - b_i)^2],\ i=1,\ \cdots,\ n \tag{2.21}$$

c 代表各自的权重，c_i 表示不同国家的权重，无差异曲线呈环状分布在轴（π，z_i）上，效用函数的简化使得不同的解可以用参数如 a_i、b_i、w_i、c 来表示。

先从最简单的两国模型开始分析，假设这两国经济规模相同（$w_1=w_2=1/2$），两国的物价稳定（$a_1=a_2=0$），收支赤字（$b_1<0$，$b_2<0$），同时假设国际储备的增长为 0（$G_R=0$），因此，式（2.9）和式（2.10）可以表达成：

$$\pi = \frac{1}{2}(x_1 + x_2),\ z_1 = \frac{1}{2}(x_2 - x_1) \tag{2.22}$$

$$z_2 = \frac{1}{2}(x_1 - x_2) \tag{2.23}$$

斯塔克伯格模型见图 2–2，货币超额扩张率 x_1 和 x_2 代表两个协调体，直线 $x_1=x_2$ 表明货币政策组合可以保持收支平衡均衡，$x_1+x_2=0$ 表明货币政策组合保持价格稳定。国家 1 的无差异曲线用实线表示，国家 2 的无差异曲线用虚线表示，它们均分别是反应曲线（z，π）的镜面成像。国家 1 的反应曲线是与国家 1 无差异曲线相切点的集合，也就是当国家 2 实施扩张性货币政策时，国家 1 最佳的组合点。同理，国家 2 的反应曲线也是如此。如图所示，古诺解 N 是两

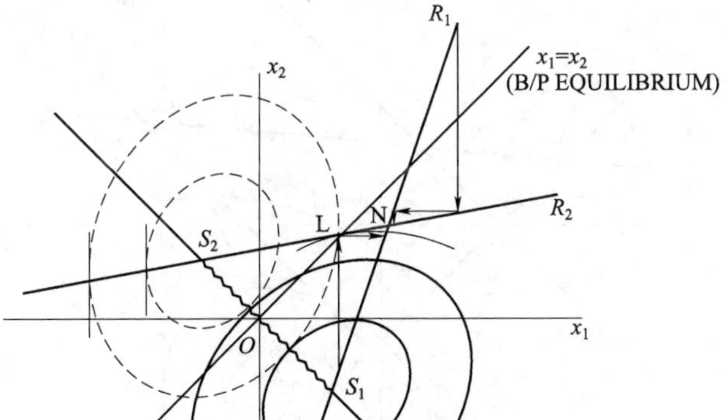

图 2–2　斯塔克伯格情况

条反应曲线的相交点，这是一个稳定解，国家 1 作为领导者的领导解 L 是国家 1 的无差异曲线与国家 2 的反应曲线的相切点，即国家 1 的最佳点是在国家 2 的反应曲线上，国家 2 的领导解并没有在图上描述，但也是相对称的。帕累托有效是两条无差异曲线相切点的集合。

以图 2–2 作为最简单的情况来分析，我们可以看出，古诺解和斯塔克伯格领导者解均不是帕累托组合。且当 b_1 和 b_2 为负时，古诺解和斯塔克伯格解均取决于帕累托组合的通货膨胀倾向。构建如图 2–2 所示，显而易见，当 b_1 和 b_2 均为正时，古诺解和斯塔克伯格解均取决于帕累托组合的通货紧缩倾向。当 $b_1+b_2=0$ 时，S_1 点与 S_2 点重合，契约线缩成同一个点，此时古诺解与斯塔克伯格解一致重合为一个点——帕累托最优点。当改变 a_1 与 a_2 时，情况是相同的。

考虑图 2–2 中的 b_1 与 b_2 为负，$a_1=a_2=0$ 时情况。假设国际储备增加，即 $G_R>0$，那么价格稳定线变为：1/2（x_1+x_2）$+G_R=0$，在价格稳定线上向下平行移动，可以看到国家 1 的收支均衡变为：1/2（x_2-x_1）$+G_R=0$，同时，国家 2 的收支均衡变为：1/2（x_1-x_2）$+G_R=0$，因此，可以得到斯塔克伯格解（见图 2–3）。与图 2–2 相比，最优点 S_1 与 S_2 逐渐分离拉大，古诺解与斯塔克伯格解与契约性间距加大，此时，b_1 与 b_2 均为正数，国际储备 G_R 的增加，将缩小 S_1 与 S_2 之间的间距，使得古诺解与斯塔克伯格解更加靠近契约性。在这种情况下，储备资产的增加可以改善非合作解。

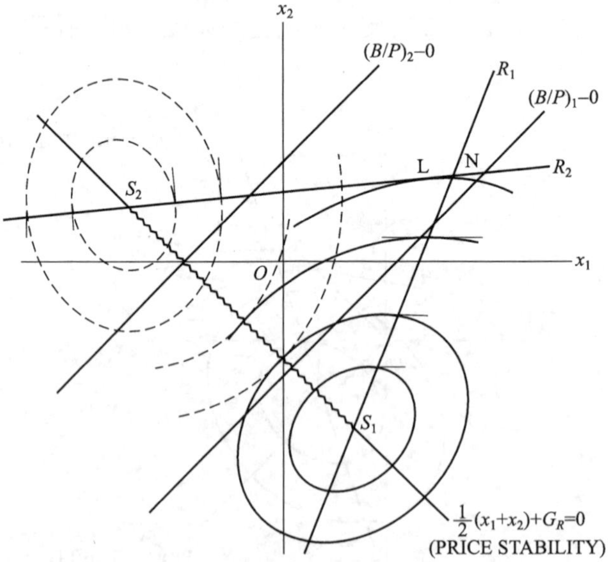

图 2–3　$G_R>0$，$w_1=w_2=1/2$ 的情况

将相关国家的规模代入上述情况进行验证，在图 2–2 情形中，$a_1=a_2=0$，$b_1<0$，$b_2<0$，$G_R=0$，当 $w_1>1/2$，$w_2<1/2$ 时，收支均衡线仍保持不变，但是价格稳定线将变得更陡峭，

无差异曲线相应地将变弯曲，正如式（2.14）所讨论的，小国的反应曲线会更偏离帕累托组合（如图 2–4 所示）。因此，当考虑古诺解时，可以视为小国被大国经济剥削。

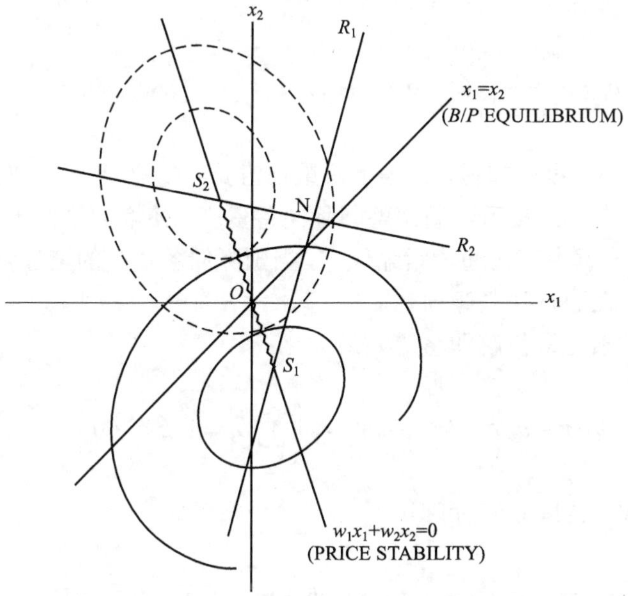

图 2–4　$w_1>1/2>w_2$，$G_F=0$ 的情况

当 n=2 时，运用式（2.23）的效用函数，令 $\partial u^i=\partial x_i=0$，或：

$$w_i(\pi-a_i)+c(w_i-1)(z_i-b_i)=0\text{，}i=1\text{，}2 \tag{2.24}$$

对反应曲线横断的交叉点即为古诺解，联立式（2.7）和式（2.24），可以同时解出π，Z_i，Z_2，

$$\sum_{i=1}^{2}w_iz_i=G_R$$

对第 i 国，加入一个新的权重变量 $\overline{w}_i^2$，

$$\overline{w}_i\equiv\frac{(w_i^2)/(1-w_i)}{\sum_{i=1}^{n}[(w_i^2)/(1-w_i)]}\text{，}\quad \overline{w}\equiv\sum_{i=1}^{n}\left(\frac{w_i^2}{1-w_i}\right)$$

且以下的权重平均值：

$$\overline{a} \equiv \sum_{i=1}^{n} \overline{w}_i a_i \text{，} \quad b \equiv \sum_{i=1}^{n} w_i b_i$$

通过上式，可以解出古诺解，即为：

$$\pi = \overline{a} + \frac{c}{\overline{w}}(G_R - b) \tag{2.25}$$

$$z_i = b_i + \frac{w_i}{c(1-w_i)}(\pi - a_i) \text{，} \ i=1\text{，} 2 \tag{2.26}$$

从式（2.25）可以知道，π 等于权重均值 a_i，G_R 等于 b_i 的权重均值，且得出新权重 w_i，当一国货币当局调整国际储备资产，使增加量低于国际储备的期望值时，则古诺解中存在通货紧缩倾向，当国际储备资产的增加量超过其需求，则古诺解中存在通货膨胀倾向。

那么，帕累托最优解即将等式最大化：

$$-\sum_{k=1}^{2} \beta_k [(\pi - a_k)^2 + (z_k - b_k)^2] \text{，} \quad \left(\sum_{k=1}^{2} \beta_k = 1, \beta k > 0 \right)$$

考虑到 X_i（i=1，2），可得：

$$-\sum_{k=1}^{2} \beta_k \{(\pi - a_k) w_i + c(\pi - x_k - b_k)(w_i - \delta_{ki})\} = 0 \text{，} \ i=1\text{，} 2 \tag{2.27}$$

当 k=i 时，δ=1，当 k 不等于 i 时，δ=0。整理式（2.27），可得：

$$\sum_{k=1}^{2} \beta_k (\pi - a_k) = 0$$

也可以写成：

$$\pi = \sum_{k=1}^{2} \beta_k a_k = \hat{a} \tag{2.28}$$

在帕累托组合上，π应该等于 a_k 的权重均值，权重β_k相对来说更为重要些，代表着 k 国的讲价协商能力，除非所有的 a_i 都相等或者β_k=w_i，否则 a 与 $\hat{a}$ 并不重合。对比式（2.25）与式（2.28），可以得出，古诺解并不取决于帕累托组合。相似的，国家 1 为领导者，国家 2 为跟随者，则可以从上述式子中求得斯塔克伯格解，令 i=2，代入式（2.24）：

$$w_2(\pi-a_2)+c(w_2-1)(z_2-b_2)=0 \tag{2.29}$$

另一方面，从式（2.7），可以得出：

$$w_2z_2=G_R-w_1z_1,$$

则式（2.24）可以简写为：

$w^*(\pi-a_2)-c(G_R-w_1z_1+w_2b_2)=0$，（2.29），且：

$$w^*=\frac{w_2^2}{1-w_2}=\frac{w_2^2}{w_1},$$

对于国家 1，最大化其效用，即：

$-[(\pi-a_1)^2]+c(z_1-b_1)^2]$，其取决于（2.29）式，

通过式（2.29）的 z 和π对目标函数的等产量曲线求得边际替代率，可以得出：

$$w_1(\pi-a_1)-w^*(z_1-b_1)=0 \tag{2.30}$$

通过同时求解式（2.29）和式（2.30），可以得出斯塔克伯格领导解：

$$\pi=\frac{1}{\varDelta}[(cw_1^2a_1+w^{*2}a_2)+cw^*(G_R-b)] \tag{2.31}$$

$$z_1=\frac{1}{\varDelta}[w_1w^*(a_2-a_1)+cw_1(G_R-w_2b_2)+w^{*2}b_1] \tag{2.32}$$

且 $\varDelta=cw_1^2+w^{*2}>0$，对比式（2.25）和式（2.31），斯塔克伯格解是否比古诺解更偏离帕累托最优取决于参数值，尤其是 C 的值。

最后，逐渐加入国家数目，令数量超过 2 个，假设国家 1 的规模相对仍然保持不变，即 w_1=1/2，但国家规模更小了，分离成 2 个小国，相同的国家拥有相同的偏好，即 w_2=w_3=1/4，如果在反应曲线上，小国行为积极，那么它们的行为是相同的。与反应曲线相切线的斜率为式（2.14）：

$$u_2^i/u_1^i=1/4(1-1/4)=1/3,\quad i=2,\ 3 \tag{2.33}$$

因此，相切线的斜率变得平缓，小国的反应曲线更加偏离帕累托最优，正如图 2–5 所示，当把国家 2 分成许多相同的小国时，这个趋势变得更加精确。

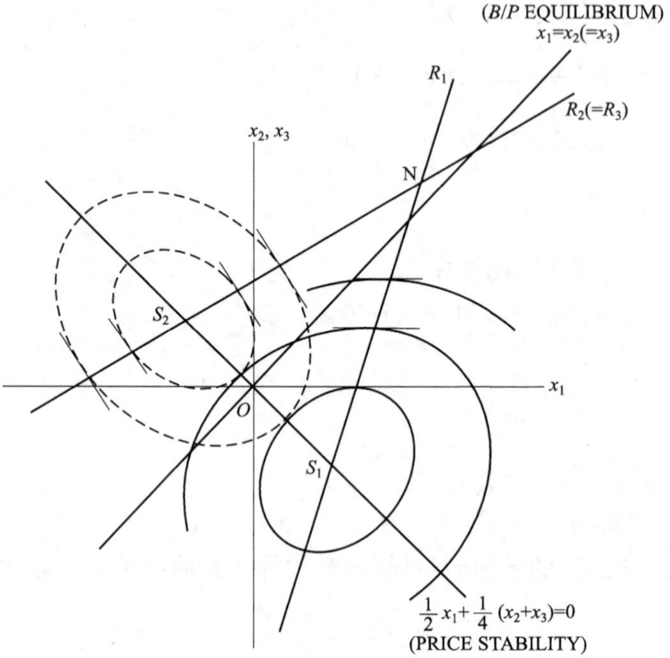

图 2–5　w_1=1/2，w_2=w_3=1/2，G_R=0 的情况

上述分析的情况是应用在短期调整阶段。在长期阶段，国际储备国（该国货币作为国际储备货币）变得非常重要，因为在短期，储备国是在计算分析中 R_i 唯一可以为负的国家。在短期阶段，任何国家的 R_i 均可以为负值，相应的，任何国家的 b_i 也均可以为负值，这可以看作其国际储备超出期望值的部分。但是在长期阶段，非储备国家（货币不能作为国际储备货币）R_i 和 b_i 均不能为负。

假设在长期阶段，一国货币当局想要保持国际储备与名义国民收入的比率不变，那么也就是说，在长期阶段，货币当局要保持以下式子恒等：

$$\frac{\mathrm{d}R}{R_i}=\pi+\frac{\mathrm{d}Q_i}{Q_i}\text{，或者}$$

$$\frac{\mathrm{d}R_i}{M_i}=\frac{R_i}{M_i}\left(\pi+\frac{\mathrm{d}Q_i}{Q_i}\right) \tag{2.34}$$

因此，如果定义一国货币当局想要保持国际储备与名义国民收入的最优比率为 θ_i，那么最优路径则为：

$$\frac{\dot{R}_i}{M_i}=\theta_i\left(\pi+\frac{\dot{Q}_i}{Q_i}\right)\text{或者 } z_i-\theta_i\pi=\theta_i\frac{\dot{Q}_i}{Q_i} \tag{2.35}$$

可以看出，在给定实际产出增长率的条件下，非储备国的货币当局想要保持储备的名义实际变量不变，因而，在长期情况中，用通货膨胀π和国际储备的变量 $z_i-\theta_i\pi$ 来定义货币当局的偏好函数 u：$u^i(\pi,z_i-\theta_i\pi)$。此时，b_i 可以看作正数，因为 $z_i=\pi-x_i$，从而，效用函数可以写为：

$$u^i[\pi,(1-\theta_i)\pi-x_i] \tag{2.36}$$

除了 b_i 与 θ_i 可以为负之外，其他相同的参数都可以应用于储备货币国家，因为之前的分析都是一样的，而没有假设最关键的参数 θ_i 是小于效用的，所以，式（2.13）可以写为：

$$\frac{\partial u^i}{\partial x_i}=w_iu_1^i+[(1-\theta_i)w_i-1]u_2^i=0 \tag{2.37}$$

货币政策协调演变最关键的是其在国际储备中，对资本损失（或增加）的补偿仍然保持了不变，因此，可以把之前一部分分析看成是对长期情况的描述，唯一需要变化的是把储备国国家 1 的 b_1 设为负数，而其他国家的 b_2 设为正数，从而在长期情况中，斯塔克伯格的图形可以画成 b_1 为负，其他 b_i 均为正，由前面的分析，得出：

$$G_R-\sum_{i=1}^{n}w_ib_i>0$$

此时，当 a_i 全部相等时，世界通货膨胀才有可能发生。假设储备国国家 1 的 b_1 为负数，而其他国家 b_i 为正数，那么条件则变为：

$$G_R+w_1|b_1|>\sum_{i=2}^{n}w_ib_i \tag{2.38}$$

因此，当国际储备期望增长值增加超过储备国的货币供应量时，古诺解将取决于通货膨胀倾向。从短期到长期这个调整的过程如图 2–2 所示，假设最初的资源禀赋为国家 2 积累了过多的储备，并且尝试削减一部分，这时，b_1 与 b_2 都为负数，斯塔克伯格解也见图 2–5。但是，在调整的过程中，国家 2 实际的储备资产接近于国际储备的期望值，b_2 逐渐变为正数。同时，在长期中，古诺解取决于 w_1b_1 和 w_2b_2 的相对重要性和数值。

在长期情况中，只有领导者国家才有可能是储备货币国。分析显示，如果储备国保持 b_1 为负数且为较大值，那么非合作解和斯塔克伯格领导者解均有导致通货膨胀的倾向。从这方面来看，美元主导的世界货币体系可以看作建立了一个特别规则的博弈模型，因为唯有美国保持了大规模的赤字，b_i 为巨大的负值，并且它是作为唯一的领导者，这个货币体系只适用于美国作为一个善良的领导者（考虑世界整体通货膨胀）的时候，而不是斯塔克伯格模型意义上的领导者。图 2–3 的例子描述的是国际组织的角色，当国际货币组织要求其他国 G_R 的改变等于其国际储备的期望值时，即增加其国际储备，那么：

$$G_R = \sum_{i=1}^{n} w_i b_i \qquad (2.39)$$

则非合作的货币当局将达到帕累托最优，因为古诺解、斯塔克伯格领导者解和帕累托解均汇集到一个点，在长期情况中，G_R 必须为正，所以只要 $\sum_{i=1}^{n} w_i b_i$ 非负，当储备国希望一个更大的赤字时，那么通过国际货币组织达到最优化是可行的，即：

$$\sum_{i=1}^{n} w_i b_i < 0\text{，或 } w_i b_1 > 0 \sum_{i=1}^{n} w_i b_i \qquad (2.40)$$

这时，国际货币组织的角色为引入非合作解以达到帕累托最优，这也是切实可行的。在博弈模型中，在上述给定的条件下，国际货币组织可以改变货币模型的结算结构，实际上，这与研究改变结算结构的政治途径也是相似的。

尽管上述所有分析都是简化的结构模型，但是对世界货币政策协调的研究是有帮助的。只要存在互相的合作，那么合作解的不同情况，如帕累托解，都变得不重要了。古诺解将会达到帕累托最优。唯一需要注意的是，对于一些国家，存在的政治因素将影响其如何达到帕累托最优。

国际货币政策协调并非总能进行，在上述情况中，为了使货币政策协调顺利，模型的整个体系设计为非合作解，即各个国家的理智行为将不会太偏离合作解。分析说明至少有两种方式可以达到这种结果：一种是控制国际储备增长率来匹配各国货币当局累积或降低国际储备的偏好均值；另一种是为赤字值或者盈余值设计一种浮动货币体系，以维持货币当局的偏好。

最后，考虑在浮动汇率体系下对上述情况的分析，如上所述，矛盾在于之前的分析是消除了浮动汇率制度。在短期情况中，这种矛盾可能会出现，在调整的过程中，可能会产生以邻为壑的政策（哈马达，Hamada，1974a）。但是在长期情况中，由于实际汇率由参与国的偏好决定，这种矛盾情况不太可能会发生。

由上述分析可得，这种矛盾可能产生的一个原因是对国家间利益的错误预计。假设一国货币当局将本国福利函数的大部分取决于经常账户而不是整个国家的国际收支账户，那么一些国家货币当局可能通过贬值牺牲价格稳定以换取经常账户的盈余。在这种浮动汇率情况下，对经常账户盈余的偏好会刺激整个世界的通货膨胀，同时在固定汇率制度下，对收支平衡赤字的偏好也可能会导致整个世界的通货膨胀。

第3章　国际货币政策协调的多国博弈模型

上一章主要介绍了国际货币政策协调的机理，包括溢出效应、相互依存理论以及博弈模型，它是本章分析的基础。但是上一章的博弈模型，在假设上存在诸多与现实不符的情况，同时由于其过于简化，难以用来分析目前正不断变化的现状。

从本章开始，将对上一章的简化模型进行改善和重构，把多国的博弈论分析方法引入到国际货币政策的协调中来。由于所研究问题本身的复杂性，这里将主要使用博弈论的函数型表达方式，其中也将涉及非合作博弈的情况和合作博弈的分析。

在过去，世界上许多学者已经在该领域开展了探索性研究，到目前为止，该领域的研究工作也还在进一步扩展中。本章将在李雪松、成新轩等前人的基础上，建立一个多国的博弈数学模型，分析在不同的外部冲击下，三种不同合作与非合作情况的国际货币政策协调问题。当存在外部冲击时，将产生多国的货币政策博弈及协调问题。经济系统的外部冲击可分为两大类：对称型冲击与非对称型冲击。对称型冲击对多国的影响程度相同，且方向一致；非对称型冲击对多国的影响虽然程度相同，但方向相反。通常，世界生产率冲击是一种对称型冲击，它给各国带来程度相同、方向一致的影响；而需求冲击是一种非对称型冲击，它给各国带来程度相同、方向相反的影响。

针对不同的外部冲击，本章从非合作的纳什博弈、斯塔克伯格博弈及合作的效率均衡博弈角度来讨论三种情况，得出最优的博弈结论。首先通过构造一个基本的多国博弈数学模型，讨论各种情况下的最优解，通过求解均衡博弈方程解，得出不同外部冲击下的最适解。

3.1　多国博弈基本模型

一、模型的基本方程

首先设定如下假设条件：

（1）世界经济由 $2n$ 个国家组成，分别有大国（1，2，…，n）及小国（$n+1$，$n+2$，…，$2n$）各 n 个。

（2）他们各自进行 $2n$ 种商品的生产，每个国家只生产其中的一种。

（3）生产要素只有劳动力一种。

（4）当不存在外部冲击时，大国生产规模相同，小国的生产规模均为大国的一半。

（5）模型中的变量，如货币供应量 m、消费价格指数等，均是指无冲击时与有冲击时的值之差。

（6）除利率方程外，模型中所有方程都已直接写成了对数形式。

（7）为书写方便，模型方程中，下标都分别表示各个国家，除了预期变量之外，即期变量的时间下标都省略不写。

基于上述的假设条件，多国博弈的基本模型可分为以下六块。

（一）生产

当生产要素只有劳动力一种，则 n 国产量是 n 国就业的增函数，是对称型的世界生产率的减函数，生产函数的一般形式为：

$$Q=\frac{A\times K^{\alpha}\times L^{1-\alpha}}{B}$$

其中 B 为某种外部冲击。当产生要素只有劳动力一种时，不妨假设生产函数为下述形式：

$$Q=\frac{L^{1-\alpha}}{B}$$

用对数形式表示时即为：

$$\ln Q=(1-\alpha)\ln L-\ln B$$

如果直接用对数形式表示，则多国的产量（y_1，y_2，$\cdots y_n$）与多国就业（n_1，n_2，$\cdots n_n$）及世界生产率冲击 x 之间的函数关系如下：

$$y_1=2(1-\alpha)n_1-x \tag{3.1}$$

$$y_2=2(1-\alpha)n_2-x \tag{3.2}$$

……

其中，$0<\alpha<1$，假设α值均相同，在模型中，假设世界生产率符合以 0 值为基准的离散分布规律。

（二）就业

就业可通过劳动市场均衡来决定，劳动力市场均衡时，劳动力实际工资等于其边际产量，即：

$$w_1 - p_1 = -2\alpha n_1 - x \tag{3.3}$$

$$w_2 - p_2 = -2\alpha n_2 - x \tag{3.4}$$

……

其中，p 为物价，w 为名义工资，实际工资用名义工资扣除物价因素计算，当用对数形式表示时，也就是用 w 减去 p。如果生产率冲击 x 大于 0 时，当就业增加时，边际产量将降低，实际工资也将随之降低。

（三）消费价格指数

消费价格指数 CPIs 指 $2n$ 国所有各种商品价格的加权平均值，用 q 表示，也可表示为本国商品价格与进口商品国内价格的加权平均。假设大国对其他小国的平均进口倾向为β（$0<\beta<1$），则大国对各小国的平均进口倾向分别为β/n，每个大国的平均进口倾向为$(1-\beta)/\mathrm{n}$，于是各大国的消费价格指数可表示为：

$$\begin{aligned} q_1 = &\frac{1}{n}(1-\beta)q_1 + \cdots + \frac{1}{n}(1-\beta)(p_n + e_n) + \frac{1}{n}\beta(p_{n+1} + e_{n+1}) + \cdots\cdots \\ &+ \frac{1}{n}\beta(p_{2n} + e_{2n}) \end{aligned} \tag{3.5}$$

其中，（e_2，…，e_{2n}）代表购买 1 单位国外货币所需要的第一个国家货币的名义数量，即其相对于其他国的名义汇率，且实际汇率与名义汇率之间的关系为：

$$z = e + p^* - p \tag{3.6}$$

方程式（3.6）可以改写成：

$$q = p_1 + \frac{1}{n}(1-\beta)(z_2 + \cdots + z_n) + \frac{1}{n}\beta(z_{n+1} + \cdots + z_{2n}) \tag{3.7}$$

其中，各个国家相对的实际汇率用 z 来表示，对于每个小国而言，平均进口倾向相等，都为β/n，于是各小国的消费价格指数可表示为：

$$q_{n+1}=\frac{1}{n}\beta(p_1-e_{n+1})+\cdots+\frac{1}{n}\beta(p_n-e_{n+1})+\frac{1}{n}(1-\beta)p_{n+1}+\frac{1}{n}(1-\beta)(p_{n+2}+e_{n+2}-e_{n+1})+\cdots+\frac{1}{n}(1-\beta)(p_{2n}+e_{2n}-e_{n+1}) \tag{3.8}$$

（四）商品市场均衡

当商品市场达到均衡时，总供给等于总需求，于是每个国家的商品市场均衡条件可表示为：

$$ny_1=\delta\sum_{n=1}^{2n}z_{2n}+\frac{1-\beta}{n}\varepsilon\sum_{n=1}^{n}y_n+\frac{\beta}{n}\varepsilon\sum_{n+1}^{2n}y_n-\frac{1-\beta}{n}v\gamma-\frac{\beta}{n}v\sum_{n+1}^{2n}r_n \tag{3.9}$$

$$y_{n+1}=-n\delta z_{n+1}+\delta\sum_{n+2}^{2n}z_{n+2}+\beta\varepsilon\sum_{1}^{n}y_n+\frac{1-\beta}{n}\varepsilon\sum_{1}^{n}y_{n+1}-\frac{\beta}{n}v\gamma-\frac{1-\beta}{n}v\sum_{n+1}^{2n}r_n \tag{3.10}$$

其中，0＜ε＜1，ε为产销率，表示商品需求与产量之比。δ为实际汇率影响因子，表示实际汇率变化 1 单位时需求的变化量。v 为实际利率影响因子，表示实际利率变化 1 单位时需求的变化量。假设所有国家的ε值、δ值及 v 值均相等，r 为货币的预期实际利率。商品的需求都将随预期实际利率的升高而降低。实际利率等于名义利率加上当期的物价指数减去预期的物价指数。

（五）货币市场均衡

假设货币市场均衡条件是剑桥方程式，其中货币供应量与利率无关，$M=p+y$，M 为货币供应量。当所有国家货币具有完全替代性时，以同种货币计量的货币预期收益相等，即满足利率平衡方程：

$$i=i_n+e_{n+1}-e_n \tag{3.11}$$

下标“+1”表示基于今天的可得信息、始于明天的预期值。

（六）名义工资

当就业处于充分就业水平时，预期的就业方差达到最小，据此可确定名义工资，可得：

$$w_n=m_{n-1} \tag{3.12}$$

二、模型方程的简化

名义工资确定后，为了更清晰地反映模型中各变量间的关系，可以对某些方程作进一步的简化。

（一）就业

将方程式（3.5）代入方程式（3.3）、（3.4）……式，可得 p 的表达式，再把 p 的表达式分别代入方程式（3.11）～（3.1n）及式（3.36），便可得到就业的简化方程式：

$$n = m - m_{-1} \tag{3.13}$$

（二）消费价格指数

方程式（3.5）与式（3.7）表明，各国的消费价格指数可以表示为该国物价与实际汇率的函数。

把方程式（3.5）以及式（3.8）代入方程式（3.3）、（3.4）……，可得各国物价的简化式：

$$p_1 = m_{1,-1} + 2\alpha(m_1 - m_{1,-1}) + x = m_1 + (2\alpha - 1)(m_1 - m_{1,-1}) + x \tag{3.14}$$

……

$$\begin{aligned} p_{n+1} &= m_{n+1,-1} + 2\alpha(m_{n+1} - m_{n+1,-1}) + x \\ &= m_{n+1} + (2\alpha - 1)(m_{n+1} - m_{n+1,-1}) + x \end{aligned} \tag{3.15}$$

实际汇率的简化可通过如下几步得到。首先，方程式（3.5）减去式（3.6），再除以 n 后，可得大国与小国商品之间超额需求之差为 0 应满足的条件：

$$\begin{aligned} &-\left[1 - \left(1 - \frac{\beta}{n}\right)\varepsilon\right]\left[\sum_{1}^{n} y_n - \frac{1}{n}\sum_{n+1}^{2n} y_n\right] + \\ &\delta\sum_{n+1}^{2n} z_n - \left(1 - \frac{\beta}{n}\right)v\left[r - \frac{\beta}{n}\sum_{n+1}^{2n} r_n\right] = 0 \end{aligned} \tag{3.16}$$

小国间商品超额需求之差为 0 时应满足的条件：

$$-(y_{n+1} - y_{n+2}) - 2n(z_{n+1} - z_{n+2}) = 0 \tag{3.17}$$

$$r - \frac{1}{2}(r_{n+1} + r_{n+2}) = \frac{1}{2}(1 - 2\beta)[(z_{n+1,+1} - z_{n+1}) + (z_{n+2,+1} - z_{n+2})] \tag{3.18}$$

将方程合并同类项，假设预期的货币供应量保持不变，即：

$$m_{-1} = m_{n+1,-1} = m_{n+2,-1} = 0$$

则前面关于就业及消费价格指数的简化式可进一步简化为：

$$n_n = m_n \tag{3.19}$$

$$q_{n+1}\sqrt{\eta} = [1+(\phi-\theta)]m_{n+1} - (\phi-\theta)m_{n+2} - 2\theta m + x \tag{3.20}$$

其中：

$$\sqrt{\eta} = \frac{1}{\rho+\alpha}$$

$$0 < \theta = \frac{1}{n}\rho\sqrt{\eta} < \frac{1}{n}$$

$$0 < \phi = \frac{1}{6\delta}(1-\alpha)\sqrt{\eta}$$

$$\phi - \theta > -\frac{1}{n}$$

（三）国家的效用函数

为分析多国的货币政策博弈与经济政策协调，需要给出多国的效用函数。这里的效用函数用损失来表示，损失小代表效用高，损失大代表效用低。政府的目标是实现各自的损失最小化。

假设损失是一国就业与消费价格指数变化的函数，即：

$$L = \frac{1}{2}\sigma n^2 + \frac{1}{2}\eta q^2 \tag{3.21}$$

其中，系数σ为常量，η值与σ值相等。

3.2 模型变量关系

本节根据上节多国模型方程及其简化式，分析货币供应量的变化对就业、消费价格指数、实际汇率及名义汇率等的影响。由于小国在模型中处于对称的地位，其货币供应量的变化对其他变量的影响是一致的，只需要分析其中一个即可，大国也是一样。下面，将分析大国货币供应量变化时的影响以及小国货币供应量变化时的影响。

（一）大国货币供应量变化时的影响

当大国货币供应量增加，而小国货币供应量不变时，由方程式（3.11）可知，各国就业与各自货币供应量的改变存在一一对应的关系，货币供应量增加时，就业水平升高；货币供应量减少时，就业水平降低。根据方程（3.12）式可知，当大国的货币供应量增加时，大国的消费价格指数将升高，物价也升高，而小国的消费价格指数将降低，且实际汇率的平均值均将升高。这是因为大国与小国商品间的超额需求之差等于 0，该差值与大国产量及小国平均产量之差负相关，与实际汇率的平均值正相关；当$\beta<1/n$时，与大国的实际利率及小国平均实际利率之差负相关。

当$\beta<1/n$时，大国实际利率与小国平均实际利率之差等于某一正的常数与预期的两国货币贬值程度平均值之积。当大国的货币供应量增加时，大国的就业及产量都相应增加，使得大国与小国商品之间的超额需求之差变为一个负数，为了使该差值能从一个负数重新变为 0，不得不使大国与小国间的实际汇率与实际利率的平均值升高。一方面，可以直接增加其商品之间的超额需求之差；另一方面，实际汇率平均值的贬值可降低人们对实际汇率平均值进一步贬值的预期，有助于降低大国的实际利率与小国平均实际利率之差，从而降低多国商品之间的超额需求之差。这两方面因素将共同促使多国间商品的超额需求之差重新回到 0。

当大国货币供应量增加时，小国间的实际汇率保持不变。根据方程（3.9）式，小国间商品超额需求之差应为 0，且该差值与两国间产量之差负相关，与其实际汇率也负相关。但大国货币供应量增加时，小国间产量不受影响，从而小国间产量之差不变，因此只有保持小国间实际汇率也不变，才能使得小国间商品超额需求之差为 0。

当大国货币供应量增加时，大国与小国间的实际汇率数值都将升高。根据上述分析，当大国货币供应量增加时，大国与小国间实际汇率的平均值将升高；当大国货币供应量增加时，小国间实际汇率不变。因此，当大国与小国间的实际汇率各自都升高时，大国与小国间实际汇率的平均值才可能升高。

（二）小国货币供应量变化时的影响

当小国货币供应量增加时，大国与小国间的实际汇率的平均值将降低，这是因为，根据方程式（3.8）式，大国与小国商品之间的超额需求之差应为 0。该差值与大国产量和小国平均产量之差负相关，与实际汇率及实际汇率的平均值正相关。当$\beta<1/n$时，与大国实际利率及小国的实际利率平均值之差负相关。当$\beta<1/n$时，大国实际利率与小国平均实际利率之差，等于某一正的常数与预期的两国实际贬值程度平均值之积。当小国的货币供应量增加时，而其他国家的就业及产量不变，使得大国与小国商品之间的超额需求之差变为一个正值，这与第一种关系不符，为了使该差值能从一个正数重新变为 0，不得不使大国

与小国间的实际汇率与实际利率的平均值降低。一方面，可以直接降低其商品之间的超额需求之差，另一方面，实际汇率平均值的贬值可降低人们对实际汇率平均值进一步贬值的预期，有助于降低大国的实际利率与小国平均实际利率之差，从而降低多国商品之间的超额需求之差。这两方面因素将共同促使多国间商品的超额需求之差重新回到0。

当小国货币供应量增加时，小国间的实际汇率数值将降低。根据方程(3.9)式，小国间商品超额需求之差应为0，且该差值与两国间产量之差负相关，与其实际汇率也负相关。但小国货币供应量增加时，小国产量增加，从而小国间产量之差增加，为了使该差值能从一个负数值重新变为0，不得不使小国间实际汇率值降低。

当小国货币供应量增加时，大国与小国间的实际汇率数值将降低。根据上述分析，当小国货币供应量增加时，大国与小国间实际汇率的平均值将降低；当小国货币供应量增加时，小国间实际汇率值也将降低。因此，当大国与小国间的实际汇率都降低时，大国与小国间实际汇率的平均值才可能降低。

当小国货币供应量增加时，小国的物价及消费价格指数都将升高。由上述消费价格指数方程可得，当货币供应量增加时，实际汇率及实际利率降低，从而使得消费价格指数上升。

当小国货币供应量增加时，大国消费价格指数将降低。根据方程（3.8）式，由于实际利率及实际汇率降低，所以大国的消费价格指数将降低。

当某一小国货币供应量增加时，其他小国消费价格指数可能降低，也可能升高。根据方程，虽然小国间的实际汇率数值降低，从而其实际汇率数值升高，但是大国与其他小国间的汇率既可能降低，也可能升高。因此，其他小国的消费价格指数既可能降低，也可能升高。如果这个实际汇率降低或者虽然升高，但升高得不够多，那么其他小国消费价格指数将降低；如果这个实际汇率升高且升高得足够多，那么其他小国的消费价格指数将升高。

3.3 对称冲击与国际货币政策协调

前两节建立了货币政策协调的多国博弈模型，并给出了有关变量之间的关系。本节将讨论在对称性的世界生产率冲击情况下，多国之间不结盟且缺乏政策协调时出现的博弈结局。

当存在对称型的世界生产率冲击时，三国就业是不会改变的；据方程式（3.1）、式（3.2）……可知，这些国家的产量会降低，但大国与小国商品之间的超额需求之差仍然为0，小国间的超额需求之差也仍然为0，此时，国家间的实际汇率也保持不变。但根据方程式（3.3）、（3.4）……可知，物价将升高，消费价格指数也会上升。此时，所有国家都遇到通货膨胀问题，为了抑制通货膨胀，它们将会减少货币供应量。由于多国间的经济政策是互相作用、互相影响的，一国的政策将不可避免地会影响到别国的利益，所以便引发了一个多国政策博弈与政策协调的问题。

当存在世界生产率冲击时，多国间经济政策博弈的结局有多种可能，至于最终能实现哪种，取决于其政策协调的方式与协调的程度。当多国间缺乏政策协调时，只能实现非合作型的纳什均衡；当多国间政策协调力度不断得到加强时，可实现斯塔克伯格均衡。

（一）非合作型的纳什均衡

当多国完全缺乏政策协调与合作时，政策博弈的结果将导致非合作型的纳什均衡。小国间先进行纳什博弈，再与大国进行纳什博弈，其结果可称为纳什—纳什均衡。将损失函数方程式（3.11）、（3.12）代入式（3.21），求出各国损失函数最小时，令损失函数对各自货币供应量的一阶偏导数为 0：

$$L_1 = \frac{1}{n}\sigma\sum_{1}^{n} m_1^2 + \frac{1}{n}\left[m_1 - \theta\sum_{n+1}^{2n} m_{n+1} + x\right]^2 \tag{3.22}$$

……

$$L_{n+1} = \frac{1}{n}\sigma m_{n+1}^2 + \frac{1}{n}\left[(1+\phi-\theta)m_{n+1} - (\phi-\theta)\sum_{n+1}^{2n} m_{n+2} - 2\theta\sum_{1}^{n} m_n + x\right]^2 \tag{3.23}$$

各国损失最小时，损失函数对各自货币供应量的一阶导数为 0，于是各国的纳什反应函数分别为：

$$m_1 = \frac{\theta\sum_{n+1}^{2n} m_n - x}{1+\sigma} \tag{3.24}$$

……

$$m_{n+1} = \frac{(\phi-\theta)m_{n+1} + n\theta\sum_{n+1}^{2n} m_n - x}{1+\phi-\sigma+\left[\dfrac{\sigma}{1+\phi-\sigma}\right]} \tag{3.25}$$

可以看出，大国之间与小国之间的纳什反应函数是对称的，实现纳什—纳什均衡时，其货币供应量是相等的。令大国与大国间的货币供应量等于 m，小国与小国间的货币供应量等于 m^*，方程式（3.22）和（3.23）可简化为：

$$m=\frac{\theta\sum_{1}^{n}m_n^*-x}{1+\sigma} \tag{3.26}$$

$$m^*=\frac{\theta\sum_{n+1}^{2n}m_n-x}{1+\left[\frac{\sigma}{1+\phi-\theta}\right]} \tag{3.27}$$

此时，方程式（3.25）仍然是大国的纳什反应函数，而方程式（3.23）则是小国的纳什反应总函数。

图 3–1 给出了大国—小国政策博弈的纳什—纳什均衡（对称型冲击情况）示意图，其中 R 代表纳什反应函数（纳什反应总函数），交点 NN 是纳什—纳什均衡点。在 NN 点处，各国绩效都未达到最优。如果从纳什—纳什均衡点开始，多国货币供应量的减少量都更小些，则三国绩效都将更好。可是由于多国之间各行其是，缺乏有效的货币政策协调，所以在纳什—纳什均衡中无法实现。

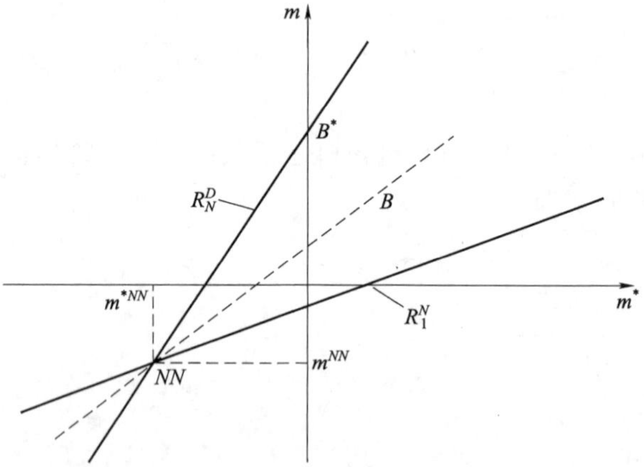

图 3–1　纳什—纳什均衡（对称型冲击情况）

（二）斯塔克伯格均衡

斯塔克伯格均衡是一种包含两国货币政策协调制度安排的博弈，它要求一方作出斯塔克伯格承诺，作出承诺的一方为斯塔克伯格的领导国，不作出承诺的一方为斯塔克伯格的追随国。领导国按照其承诺的货币供应量行事，追随国在进行博弈之前已经知道领导国的承诺和选择，它只是作出相应的最优选择，各大国与各小国间规模相同，因而各自函数对称相同。

假设大国是领导国，小国是追随国，由于不管大国如何选择或者承诺，追随国肯定从其反应函数上选择相应的最优点，因此领导国的最好承诺是在追随国的反应函数上寻找能使领导国最小的那一点作为领导选择。

当存在对称型的世界生产率冲击时，图 3–2 给出了斯塔克伯格均衡（对称型冲击情况）的示意图。在斯塔克伯格均衡点 S，领导国的损失函数 L 与追随国反应函数 R 恰好相交。

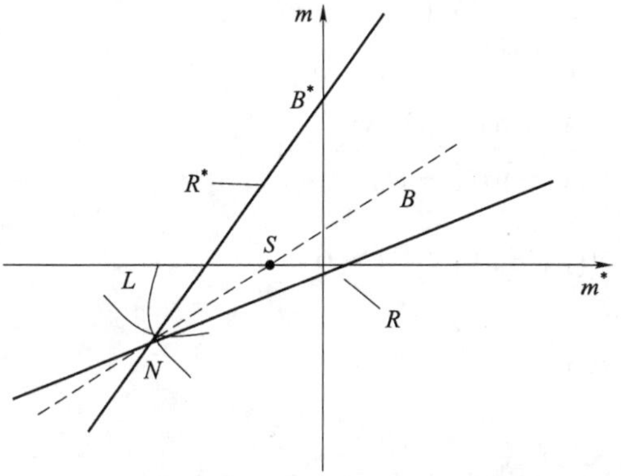

图 3–2　斯塔克伯格均衡（对称型冲击情况）

于是，斯塔克伯格均衡时的货币供应量可通过求解下面两个一阶条件得到：

$$\left[\frac{\mathrm{d}m}{\mathrm{d}m^*}\right]_L=\left[\frac{\mathrm{d}m}{\mathrm{d}m^*}\right]_R \tag{3.28}$$

$$\frac{\partial L^*}{\partial m^*}=0 \tag{3.29}$$

上述两个一阶条件可改写为：

$$\frac{2\theta(m-2m^*\theta+x)}{(1+\sigma)m-2m^*\theta+x}=\frac{1+\sigma}{2\theta}$$

$$m^*=\frac{2\theta}{1+\sigma}m-\frac{1}{1+\sigma}x \tag{3.30}$$

上述第一个条件表示，在斯塔克伯格均衡点 S，领导国损失函数椭圆的斜率等于追随国反应函数的斜率；第二个条件表示，追随国追随领导国承诺的货币供应量之后，在其反应函数上作出选择。

求解上述两个方程，可得斯塔克伯格均衡时两国的货币供应量：

$$m^{s} = x\mu^{s} = xk_{1}\mu^{N} < 0 \tag{3.31}$$

$$m^{*s} = x\mu^{*s} = xk_{n+1}\mu^{N} < 0 \tag{3.32}$$

其中，

$$k_{1} = \frac{k_{3}}{k_{3} + w\sigma(1+\sigma)} < 1$$

$$k_{1} < k_{2} = \frac{k_{3} + w\sigma(1-2\theta+\sigma)}{k_{3} + w\sigma(1+\sigma)} < 1$$

$$k_{3} = (1-w)[(1+\sigma)^{2} - 4\theta^{2}] > 0$$

$$w = \frac{4\theta^{2}}{1+\sigma} < 1$$

（三）合作的效率均衡

当存在对称型的外部冲击时，帕累托最优均衡也称为帕累托效率均衡，或简称为效率均衡。

效率均衡是一种含有承诺的博弈均衡，它要求领头国承诺货币供应量，尾随国承诺实现帕累托最优。

图 3–3 中给出了效率均衡（对称冲击型）的示意图。合同曲线 BEB^{*}是两国损失函数椭圆之间所有切点的轨迹，合同曲线上的每一点都实现了效率均衡。

实现效率均衡的时候，多国制定的货币政策宛如一国一样，多国实行协调一致的货币政策，可以有效地防止负的外部效应给多方造成损失，多国的外部效应在理论上完全可以内在化。

先来估算一下多国的损失函数椭圆在 O 点的斜率。把 $m=0$ 代入方程式（3.32）和（3.51）中，可得多国损失函数在 O 点斜率的具体表达式：

$$\left[\frac{\mathrm{d}m}{\mathrm{d}m^{*}}\right]_{L,O} = 2\theta < 1 \tag{3.33}$$

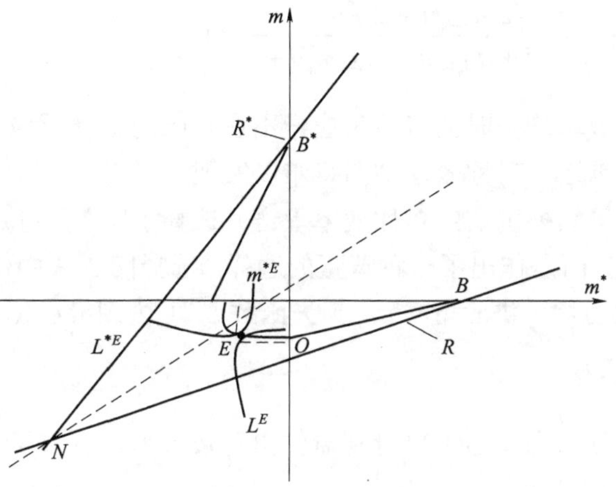

图 3–3　效率均衡（对称冲击型）

即本国损失函数椭圆 O 点的斜率小于 1，他国损失函数在 O 点的斜率相应地大于 1。

合同曲线 BEB*是多国损失函数椭圆切点的轨迹，曲线上每一点都实现了多国损失加权之和的最小化。当本国损失权数为 1 时，得到 B 点；当本国损失函数权数为 0 时，得到 B^*点；当多国损失权数各占 n 分之一时，得到 E 点；曲线 BEB*中间的各点可由不同的权数组合确定，当多国损失权数相等时（都为 n 分之一），得到的效率均衡点 E 称为“对称效率均衡”。

实现合作的效率均衡的时候，尽管多国损失的加权之和达到最小化，多国的外部效应理论上已经内化，可是，由于多国损失权数组合的不同，造成他们损失的程度并不相同，有时甚至相差很大。例如，在合同曲线 BEB*上，一国可以实现极乐，而其他国结局则不好。事实上，只有在国家损失权数相同的 E 点，也就是在对称效率均衡点，多国损失程度才相同。对称效率均衡时，多国的货币供应量应满足下面的一阶条件：

$$\frac{\partial L_1}{\partial m_1}+\frac{\partial L^*}{\partial m^*}=0 \tag{3.34}$$

由于多国模型本身具有对称型，外部冲击也是对称型的，实现对称效率均衡时，多国的货币供应量必然是相同的，即 m=m^*，当两者相等时，上述方程均成立。

由此解得出：

$$\left[\frac{\mathrm{d}m}{\mathrm{d}m^*}\right]_L = \frac{2\theta(\sum m - 2m^*\theta + x)}{(1+\sigma)\sum m - 2\sum m^*\theta + x} = 1 \quad (3.35)$$

由于对称效率均衡时的货币供应量不在多国的纳什反应函数上，所以只要有一方不信守承诺，对称效率均衡将难以实现。

比方说，虽然外国信守对称效率承诺并选择了 m^{*E} ，可是本国却未能信守对称效率承诺，而是作出了一种背叛的选择，选择图 3–3 中位于纳什反应函数直线上的 F 点的货币供应量 m^F ，损失函数 L^F 可达到最小化：

$$L^F = x^2 l^F \quad (3.36)$$

由于本国货币当局出于自身利益作出背叛行为，选择了 F 点，而不是 E 点，其损失低于 E 点。

综上，当存在对称型的世界生产率冲击时，比较斯塔克伯格均衡与纳什均衡，可以得出，纳什均衡时，如果双方都能适当增加一些货币供应量，双方都将受益，可是这在纳什均衡中办不到。多国政策协调缺乏有约束力的协议，即使一国适当增加一些货币供应量，其他国家却未必也这样做，结果本国的损失反而可能增加，因此其缺乏积极性去调整经济政策。可是，在对称型外部冲击的斯塔克伯格博弈中，具备了政策协调的制度性安排，即存在斯塔克伯格承诺，大国小国均会向同一方向优化政策，结果使双方均受益。

当然，斯塔克伯格博弈也存在其他方面的缺陷。当存在对称型外部冲击时，如果使用斯塔克伯格承诺规则来协调国家间的政策，虽然结果都好于缺乏协调时的纳什均衡，但得到的好处并不相同。领导国的好处可能会多于也可能会少于追随国，于是便存在所谓的“先行优势”或“后行优势”的问题。

在国际宏观经济政策协调博弈中，有时两国会争相做领导国，有时又都不愿意出头做领导国。由此可见，对称效率均衡承诺是多国货币政策协调的最佳方式，但实现的难度也最大，需要多国的货币政策密切配合与高度协调，多方共同信守承诺是对称效率均衡得以实现的关键。

3.4 非对称冲击与国际货币政策协调

与前几节对称型的世界生产率冲击不同的是，当存在非对称型的需求冲击时，多国的经济运行状况将受到不同的影响，从而各国将会采取不同的经济政策。

假设不存在对称型的世界生产率冲击，只存在非对称型的需求冲击，当大国需求增加，而其他国家需求降低，大国与大国间、小国与小国间的函数各自

相同，此时，

x=0，u>0，于是，损失函数方程（3.21）与（3.22）式可改写为：

$$L=\frac{1}{2}\left[m^2\sigma+(m-2m^*\theta-u)^2\right] \tag{3.37}$$

$$L^*=\frac{1}{2}\left[(m^*)^2\sigma+(m^*-2m\theta+u)^2\right] \tag{3.38}$$

如果没有外部需求冲击，只要大国与小国间的货币供应量保持不变，则其物价、就业、汇率等都保持不变。可是，如果存在需求冲击，即使各国货币供应量保持不变，其物价、汇率也将随之改变。需求冲击将导致各国消费价值指数不同的变化，为了解决各自面临的经济问题，各国对货币供应量的调节政策也将相互影响，与对称型的世界生产率冲击不同的是，各国的货币政策都具有正的外部效应，而不是负的外部效应。例如，一国扩大货币供应量时，本国货币实际贬值，不仅可以抑制本国的通货紧缩，而且有助于缓解外国的通货膨胀。于是，非对称型的需求冲击也将引发一个政策博弈与协调的问题。当存在非对称型的需求冲击时，政策博弈的结局有多种可能。至于最终能实现哪一种，取决于政策协调的方式与协调的程度。非合作型的纳什均衡固然不是帕累托最优，但合作型的斯塔克伯格均衡也都不公正，只有用对称效率均衡承诺来协调政策才是最好的选择。

（一）非合作型的纳什均衡

当各国完全缺乏政策的协调与合作时，博弈的结果将导致非合作型的纳什均衡。

B 点为大国的极乐点，在该点，本国的货币供应量保持不变，即 m=0，以维持本国的充分就业；而让小国的货币供应量减少，直到它对本国货币实际贬值的作用足以抵消因需求冲击给本国带来的通货紧缩的影响。B^*点为小国的极乐点，在该点，小国的货币供应量保持不变，即 m^*等于 0，以维持小国的充分就业；而让大国的 m 货币供应量增加，直到它对外国货币实际升值的作用足以抵消因需求冲击给其他国家带来的通货膨胀的影响。当存在对称型的世界生产率冲击时，各国货币当局都希望对方与己方的政策能保持相同方向的变化；与此相反，当存在非对称型的需求冲击时，各国货币当局都希望对方与己方的政策保持相反方向的变化。

在纳什均衡点 N，大国反应函数直线 R 与小国反应函数直线 R^*相交。把两国的损失函数分别对 m 及 m^*求一阶偏导，可得：

$$\frac{\partial L}{\partial m}=(1+\sigma)m-2m^{*}\theta-u \tag{3.39}$$

$$\frac{\partial L^{*}}{\partial m^{*}}=(1+\sigma)m^{*}-2m\theta+u \tag{3.40}$$

令上述两个偏导数等于 0，可得各国的纳什均衡反应函数：

$$m=\frac{2\theta}{1+\sigma}m^{*}+\frac{1}{1+\sigma}u \tag{3.41}$$

$$m^{*}=\frac{2\theta}{1+\sigma}m-\frac{1}{1+\sigma}u \tag{3.42}$$

图 3–4 中，大国与小国的反应函数直线相交于通过原点、斜率为–1 的直线上，纳什均衡时各国将选择大小相等、符号相反的货币供应量。令 m 与 m^{*} 相等，代入上述两个反应函数方程中的任意一个之中，可得纳什均衡时两国的货币供应量，并可进一步得出纳什均衡时两国的损失。

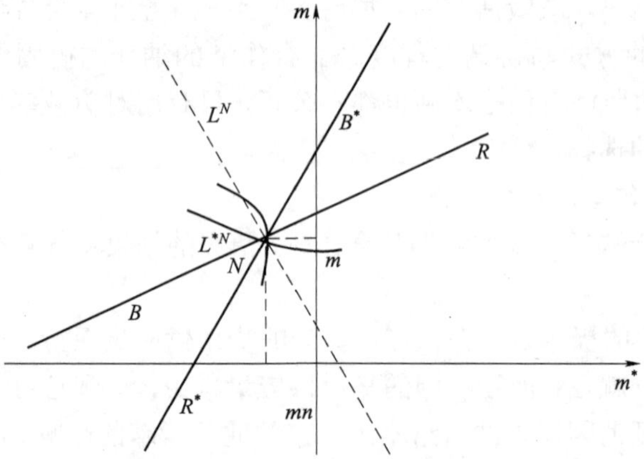

图 3–4　纳什均衡（非对称型冲击）

在纳什均衡点 N，各国损失函数椭圆的斜率分别为无穷大和 0，如果把一国损失分别对另一国货币供应量求一阶导数，可得：

$$\frac{\partial L}{\partial m}=2\theta(-m+2m^{*}\theta+u) \tag{3.43}$$

$$\frac{\partial L^{*}}{\partial m^{*}}=2\theta(-m^{*}+2m\theta-u) \tag{3.44}$$

如果再代入纳什均衡时的货币供应量，可得：

$$\left[\frac{\partial L^*}{\partial m^*}\right]_N=-\left[\frac{\partial L}{\partial m}\right]_N=\frac{-2u\sigma\theta}{1+2\theta+\sigma}<0 \quad (3.45)$$

上式表明，从纳什均衡点 N 开始，如果大国继续扩大货币供应量，则小国损失可减少；如果其他国家继续减少货币供应量，则该国损失可减少。也就是说，在 N 点的左上侧必然存在一个能使各国绩效都得到改善的区域。

可是由于各国之间缺乏政策协调的制度性安排，各行其是，最终只能实现非合作型的纳什均衡，而不可能达到更好的结局。为了取得更优的均衡结果，需要选择更优的政策协调方式。

（二）斯塔克伯格均衡

假设大国是领导国，小国是追随国，领导国不管如何选择或承诺，追随国肯定从其反应函数上选择相应的最优点。因此，领导国的最好承诺就是在追随国的反应函数上寻找能使领导国损失最小的那一点作为领导选择。

上一节的分析指出，当存在对称型的世界生产率冲击时，斯塔克伯格博弈的结果将使各国均受益。可是，当存在非对称型的需求冲击时，斯塔克伯格博弈的结果虽然可使领导国受益，却使追随国受损。

图 3–5 给出了斯塔克伯格均衡（非对称型冲击）的示意图。在斯塔克伯格均衡点 S，大国的损失函数椭圆 Ls 与他国反应函数直线 R^* 恰好相切。

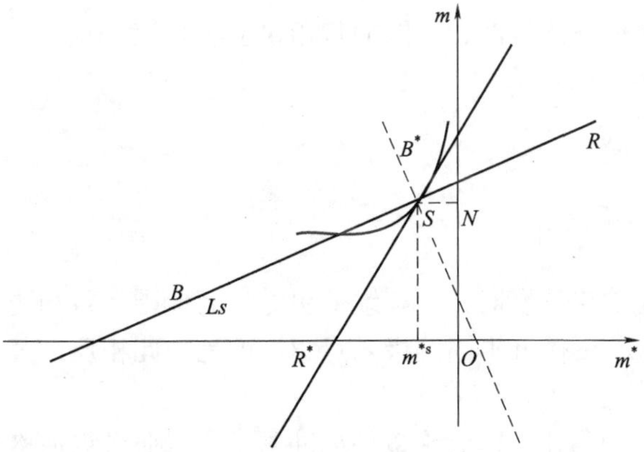

图 3–5　斯塔克伯格均衡（非对称型冲击）

斯塔克伯格均衡时，大国与小国的货币供应量可通过求解下列两个式子的一阶条件得出：

$$\left[\frac{\mathrm{d}m}{\mathrm{d}m^*}\right]_L = \frac{2\theta(m-2m^*\theta-u)}{(1+\sigma)m-2m^*\theta-u} = \frac{1+\sigma}{2\theta}\left[\frac{\mathrm{d}m}{\mathrm{d}m^*}\right]_{R^*} \tag{3.46}$$

$$m^* = \frac{2\theta}{1+\sigma}m - \frac{1}{1+\sigma}u \tag{3.47}$$

求解上述两个方程，可得斯塔克伯格均衡时各国的货币供应量：

$$m^S = u\overset{-S}{\mu} = uc_1\overset{-N}{\mu} > 0 \tag{3.48}$$

$$m^{*S} = u\overset{-*S}{\mu} = -uc_2\overset{-N}{\mu} < 0 \tag{3.49}$$

其中：

$$c_1 = \frac{c_3 - 4\theta^2\sigma(1+\sigma)}{c_3} < 1$$

$$c_2 = \frac{c_3 + 8\theta^3\sigma}{c_3} > 1$$

$$c_3 = [(1+\sigma)^2 - 4\sigma^2](1+\sigma-4\theta^2) + 4\theta^2\sigma(1+\sigma) > 0$$

当存在非对称型的需求冲击时，比较斯塔克伯格均衡与纳什均衡，主要差别是：

（1）斯塔克伯格均衡时，一国的货币供应量扩大得更少，而外国货币供应量却减少得更多，即：

$$m^S < m^N$$

$$|m^{*S}| > |m^{*N}|$$

（2）斯塔克伯格均衡时，一国绩效更好，而他国绩效却更差，从图 3–5 可以看出，*Ls* 比 *Ln* 更接近本国的极乐点 *B*，可是与此相反，其远离了他国的极乐点 B^*。

上一节分析中得出，在对称型外部冲击下，用斯塔克伯格承诺规则来协调多国的政策是有效的，尽管可能会遇到前文涉及的“先行优势”或“后行优势”问题。可是在本节中，当存在非对称型的需求冲击时，用斯塔克伯格承诺规则来协调多国的经济政策是不公正的，因为领导国在增加收益的同时，追随国无论如何都会变得更糟糕。

（三）合作的效率均衡

当存在非对称型的需求冲击时，非合作型的纳什均衡固然不是最优，但合作型的斯塔克伯格均衡及固定汇率博弈均衡又都不公正，所以只有对称效率均衡才是最好的选择。

图 3–6 给出了效率均衡（非对称型冲击）的示意图，合同曲线 BEB*是两国损失函数椭圆之间所有切点的轨迹，合同曲线上的每一点都实现了效率均衡，其中 E 点为对称效率均衡点。大国与小国货币供应量大小相等，符号相反，再假设：

$$L^W = L + L^*$$

由 $L = \frac{1}{2}[m^2\sigma + (m - 2m^*\theta - u)^2]$

$$L^* = \frac{1}{2}[(m^*)2\sigma + (m^* - 2m\theta + u)^2]$$

则对称效率均衡可通过求解下面两个条件方程得到：

$$\frac{\partial L^W}{\partial m} = 0 \tag{3.50}$$

$$\frac{\partial L^W}{\partial m^*} = 0 \tag{3.51}$$

求解上述两个方程式，可得对称效率均衡时的货币供应量及其损失：

$$m^E = u \overset{-E}{\mu} = uc_4 \overset{-N}{\mu} \tag{3.52}$$

$$m^{*E} = u^2 \overset{-E}{l} = u^2 c_5 \overset{-N}{l} \tag{3.53}$$

其中，

$$c_4 = \frac{(1+2\theta)(1+2\theta+\sigma)}{(1+2\theta)^2+\sigma} > 1，\quad c_5 = \frac{(1+2\theta+\sigma)^2}{(1+2\theta+\sigma)^2+4\theta^2\sigma} < 1$$

比较对称效率均衡与纳什均衡，主要区别是：

（1）对称效率均衡时，一国货币供应量的增加量更多，他国货币供应量的减少量更多。

（2）对称效率均衡时，大国与小国的损失都更小，多国间损失的加权之

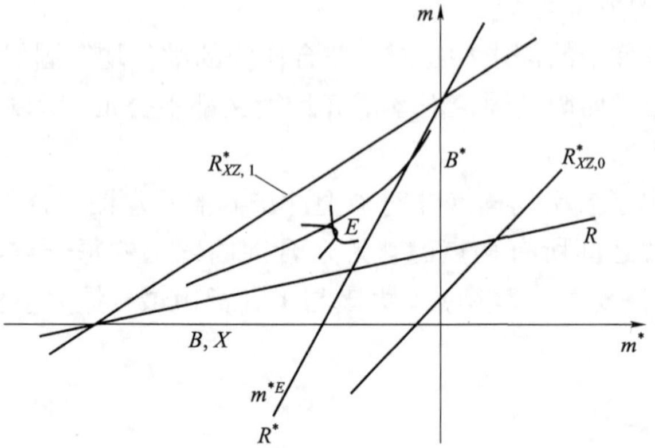

图 3–6　效率均衡（非对称型冲击）

和达到了最小。由于损失权数相似，因而各国损失都达到了最小。

合作的对称效率均衡时货币政策虽然最优，但它需要各国都信守承诺，因此实施的难度较大。

综上所述，本章在政策协调多国博弈模型的基础上，分别就对称的世界生产率冲击及非对称的需求冲击两种情况，分析了多国政策博弈与政策协调的几种方式。

当存在对称型的世界生产率冲击时，多国间的非合作纳什博弈只能导致非帕累托最优的结果。当引入合作型的斯塔克伯格承诺规则时，由于加强了国际宏观经济政策协调，各国绩效都可以得到改善。

然而，在非对称型的需求冲击下，由于"先行优势"的存在，在领导国受益的同时，往往使追随国雪上加霜，经济陷入萧条。此时，非合作型的纳什博弈固然不能带来帕累托最优的结局，即使引入合作型的斯塔克伯格承诺规则，也都不公平。只有合作型的对称效率承诺规则才能给各国带来最满意的结局，但是这种政策协调的方式难度较大。

3.5　多国货币政策协调的博弈效果评价分析

任何经济理论过程的完成并不是整个过程的完结，而是理论研究过程中的第一个阶段，只有在此基础上，完成其效果检验过程才算暂告一个段落。简言之，效果检验过程就是对经济理论实证过程所得出的结论进行经验检验的过程。根据国际制度创新理论的分析，可以得出，多国的货币政策协调是一个逐渐深化的过程，如果要说明此理论的显著性，探讨不同冲击下各种博弈模式的效果，就需要用数据来检验，并用后续的实证计量模型来验证前几节货币政策协调的结论。

由于全球经济一体化的发展以及货币政策广泛的协调，主要经济体的经济周期变得越来越同步的假设受到了广泛的关注，多国货币政策协调的博弈效果也可以用经济周期是否同步来作为检验。

为了度量国家间经济周期的协同性，故而采用相关系数的量化指标进行考察。定义相关系数：

$$\mathrm{Corr}(v_i, v_j) = \frac{\mathrm{cov}(v_i, v_j)}{\sqrt{\mathrm{var}(v_i)\mathrm{var}(v_j)}}$$

其中，$\mathrm{Corr}(v_i,\ v_j)$表示第 i 国与第 j 国之间的经济相关系数，v 对应各个国家的国内生产总值，var 是方差。

若各国产出的相关系数越大，则说明各国经济产出具有一定的相关性，经济波动与经济周期趋于一致。同时，若各国产出的方差 var 越小，则说明各国经济周期运行的偏离程度越低，经济波动曲线更趋于稳定收敛。因而，可以得出结论，若相关系数 Corr 越大，方差 var 越小，则各国经济周期更趋于一致和同步，并且它们的经济波动曲线是趋于收敛的。

本节主要基于本章前几节内容，探讨不同冲击下各种博弈模式的效果。在对称与非对称外部冲击下，比较三种形势下的相关系数 Corr 值，进一步测算各国间产出的方差值，检验其经济波动曲线是否收敛，并讨论各种形式的博弈效果，验证各国的经济是否会随着货币政策协调的层次和程度的加深，而产生一定程度的协同性。

（一）对称的外部冲击与协调效果评价

当只存在对称的外部冲击时，即 $x>0$，$u=0$。

1. 非合作的纳什均衡

由方程（3.83）～（3.84）可简化为 m 与 m^* 的表达式：

$$m = \frac{\theta\sum_{1}^{n} m_n^* - x}{1+\sigma} \tag{3.54}$$

$$m^* = \frac{\theta\sum_{n+1}^{2n} m_n - x}{1+\left[\dfrac{\sigma}{1+\phi-\theta}\right]} \tag{3.55}$$

根据 3.3 节，当各个市场达到均衡时，总供给等于总需求，于是每个国家的均衡条件可表示为：

$$ny_1 = \delta\sum_{n=1}^{2n} z_{2n} + \frac{1-\beta}{n}\varepsilon\sum_{n=1}^{n} y_n + \frac{\beta}{n}\varepsilon\sum_{n+1}^{2n} y_n - \frac{1-\beta}{n}\nu\gamma - \frac{\beta}{n}\nu\sum_{n+1}^{2n} r_n \tag{3.56}$$

$$\begin{aligned} y_{n+1} = & -n\delta z_{n+1} + \delta\sum_{n+2}^{2n} z_{n+2} + \beta\varepsilon\sum_{1}^{n} y_n + \frac{1-\beta}{n}\varepsilon\sum_{1}^{n} y_{n+1} \\ & -\frac{\beta}{n}\nu\gamma - \frac{1-\beta}{n}\nu\sum_{n+1}^{2n} r_n \end{aligned} \tag{3.57}$$

其中，$0<\varepsilon<1$，ε 为产销率，表示商品需求与产量之比。δ 为实际汇率影响因子，表示实际汇率变化 1 单位时需求的变化量。ν 为实际利率影响因子，表示实际利率变化 1 单位时需求的变化量。

可解出大国的产出 y 与小国的产出 y^* 的相关系数 Corr，它是一个由 m 等变量构成的函数：

$$\mathrm{Corr}(y, y^*) = \frac{1}{n}[(m^*)^2\sigma - (m^* - 2nm\theta + x)^2] \tag{3.58}$$

$$\mathrm{var}(y) = \frac{n\theta(m - 2m^*\theta - x)}{(1+\sigma)m - 2m^*\theta - x} \tag{3.59}$$

2. 斯塔克伯格博弈均衡

化简方程可得出 m 与 m^* 的表达式：

$$m^s = x\mu^s = xk_1\mu^N < 0 \tag{3.60}$$

$$m^{*s} = x\mu^{*s} = xk_{n+1}\mu^N < 0 \tag{3.61}$$

其中，

$$k_1 = \frac{k_3}{k_3 + w\sigma(1+\sigma)} < 1$$

$$k_1 < k_2 = \frac{k_3 + w\sigma(1-2\theta+\sigma)}{k_3 + w\sigma(1+\sigma)} < 1$$

$$k_3 = (1-w)[(1+\sigma)^2 - 4\theta^2] > 0$$

$$w = \frac{4\theta^2}{1+\sigma} < 1$$

根据 3.3 节，当各个市场达到均衡时，总供给等于总需求，于是每个国家的均衡条件可表示为：

$$ny_1 = \delta\sum_{n=1}^{2n} z_{2n} + \frac{1-\beta}{n}\varepsilon\sum_{n=1}^{n} y_n + \frac{\beta}{n}\varepsilon\sum_{n+1}^{2n} y_n - \frac{1-\beta}{n}\nu\gamma - \frac{\beta}{n}\nu\sum_{n+1}^{2n} r_n \tag{3.62}$$

$$\begin{aligned} y_{n+1} = & -n\delta z_{n+1} + \delta\sum_{n+2}^{2n} z_{n+2} + \beta\varepsilon\sum_{1}^{n} y_n + \frac{1-\beta}{n}\varepsilon\sum_{1}^{n} y_{n+1} \\ & - \frac{\beta}{n}\nu\gamma - \frac{1-\beta}{n}\nu\sum_{n+1}^{2n} r_n \end{aligned} \tag{3.63}$$

可解出大国的产出 y 与小国的产出 y^* 的相关系数 Corr，它是一个由 m 等变量构成的函数：

$$\mathrm{Corr}(y, y^*) = \frac{1}{n}[(m^*)^2\sigma + (m^* - 2nm\theta + x)^2] - \frac{w\sigma}{n} \tag{3.64}$$

$$\mathrm{var}(y) = \frac{n\theta(m + nm^*\theta - x^2 - \sigma m)}{(1+\sigma)m - 2m^*\theta - x} \tag{3.65}$$

3. 合作的效率均衡

化简方程可得出 m 与 m^* 的表达式：

$$m^E = m^{*E} = x\mu^E = x\mu^X = m^X = m^{*X} \tag{3.66}$$

根据 3.3 节，当各个市场达到均衡时，总供给等于总需求，于是每个国家的均衡条件可表示为：

$$ny_1 = \delta\sum_{n=1}^{2n} z_{2n} + \frac{1-\beta}{n}\varepsilon\sum_{n-1}^{n} y_n + \frac{\beta}{n}\varepsilon\sum_{n+1}^{2n} y_n - \frac{1-\beta}{n}\nu\gamma - \frac{\beta}{n}\nu\sum_{n+1}^{2n} r_n \tag{3.67}$$

$$\begin{aligned} y_{n+1} = & -n\delta z_{n+1} + \delta\sum_{n+2}^{2n} z_{n+2} + \beta\varepsilon\sum_{1}^{n} y_n + \frac{1-\beta}{n}\varepsilon\sum_{1}^{n} y_{n+1} \\ & - \frac{\beta}{n}\nu\gamma - \frac{1-\beta}{n}\nu\sum_{n+1}^{2n} r_n \end{aligned} \tag{3.68}$$

可解出大国的产出 y 与小国的产出 y^* 的相关系数 Corr，它是一个由 m 等变量构成的函数：

$$\mathrm{Corr}(y,y^*)=\frac{1}{n}[(m^*)^2\sigma+(m^*-2nm\theta+x)^2]+\frac{w\sigma}{2n} \tag{3.69}$$

$$\mathrm{var}(y)=\frac{n\theta(m-n^2m^*\theta^2-x^2-\sigma m^2)}{(1+\sigma)m-2m^*\theta+\theta x} \tag{3.70}$$

对比三种情况下的 $\mathrm{Corr}(y,y^*)$ 和方差 $\mathrm{var}(y,y^*)$，明显可以看出：在对称型的外部冲击下，通过合作的效率均衡，各国的经济相关系数最大，方差最小。也就是说，在最优的合作效率均衡下，各国的经济协动性更趋于一致，且经济周期曲线趋于收敛。

（二）非对称的外部冲击与协调效果评价

假设不存在对称型的世界生产率冲击，只存在非对称型的需求冲击，当大国需求增加，而其他国家需求降低，大国与大国间、小国与小国间的函数各自相同，此时，x=0，u＞0。同样的，为了度量国家间经济周期的协同性，故采用相关系数的量化指标进行考察。定义相关系数：

$$\mathrm{Corr}(v_i,v_j)=\frac{\mathrm{cov}(v_i,v_j)}{\sqrt{\mathrm{var}(v_i,v_j)}}$$

其中，$\mathrm{Corr}(v_i, v_j)$ 表示第 i 国与第 j 国之间的经济相关系数，v 对应各个国家的国内生产总值，var 是方差。下面来比较与分析在非对称情况下三种博弈情况的相关系数及方差。

1. 非合作的纳什均衡

由 3.4 节得出的各国纳什均衡反应函数为：

$$m=\frac{2\theta}{1+\sigma}m^*+\frac{1}{1+\sigma}u \tag{3.71}$$

$$m^*=\frac{2\theta}{1+\sigma}m-\frac{1}{1+\sigma}u \tag{3.72}$$

根据 3.3 节，当各个市场达到均衡时，总供给等于总需求，于是每个国家的均衡条件可表示为：

$$ny_1=\delta\sum_{n=1}^{2n}z_{2n}+\frac{1-\beta}{n}\varepsilon\sum_{n-1}^{n}y_n+\frac{\beta}{n}\varepsilon\sum_{n+1}^{2n}y_n-\frac{1-\beta}{n}v\gamma-\frac{\beta}{n}v\sum_{n+1}^{2n}r_n$$

$$y_{n+1}=-n\delta z_{n+1}+\delta\sum_{n+2}^{2n}z_{n+2}+\beta\varepsilon\sum_{1}^{n}y_n+\frac{1-\beta}{n}\varepsilon\sum_{1}^{n}y_{n+1}-\frac{\beta}{n}v\gamma-\frac{1-\beta}{n}v\sum_{n+1}^{2n}r_n \tag{3.73}$$

其中，$0<\varepsilon<1$，ε为产销率，表示商品需求与产量之比。δ 为实际汇率影响因子，表示实际汇率变化 1 单位时需求的变化量。v为实际利率影响因子，表示实际利率变化 1 单位时需求的变化量。

可解出大国的产出 y 与小国的产出 y^* 的相关系数 Corr，它是一个由 u 等变量构成的函数：

$$\mathrm{Corr}(y,y^*)=\frac{1}{2n}\sigma m^2-\frac{1}{2n}[(1+\theta)m^*]-(\sigma-\theta)u \tag{3.74}$$

$$\mathrm{var}(y)=\frac{m^2\sigma+(m-2m^*\theta-u)^2}{n(1+2\theta u+\sigma)} \tag{3.75}$$

2. 斯塔克伯格均衡

由 3.4 节得出的各国纳什均衡反应函数为：

$$m^*=\frac{2\theta}{1+\sigma}m-\frac{1}{1+\sigma}u \tag{3.76}$$

求解方程，可得斯塔克伯格均衡时各国的货币供应量：

$$m^S=u\bar{\mu}^{S}=uc_1\bar{\mu}^{N}>0 \tag{3.77}$$

$$m^{*S}=u\bar{\mu}^{*S}=-uc_2\bar{\mu}^{N}<0 \tag{3.78}$$

其中：

$$c_1=\frac{c_3-4\theta^2\sigma(1+\sigma)}{c_3}<1$$

$$c_2=\frac{c_3+8\theta^3\sigma}{c_3}>1$$

$$c_3=[(1+\sigma)^2-4\sigma^2](1+\sigma-4\theta^2)+4\theta^2\sigma(1+\sigma)>0$$

根据 3.3 节，当各个市场达到均衡时，总供给等于总需求，于是每个国家的均衡条件可表示为：

$$ny_1=\delta\sum_{n=1}^{2n}z_{2n}+\frac{1-\beta}{n}\varepsilon\sum_{n=1}^{n}y_n+\frac{\beta}{n}\varepsilon\sum_{n+1}^{2n}y_n-\frac{1-\beta}{n}\nu\gamma-\frac{\beta}{n}\nu\sum_{n+1}^{2n}r_n \tag{3.79}$$

$$\begin{aligned}y_{n+1}=&-n\delta z_{n+1}+\delta\sum_{n+2}^{2n}z_{n+2}+\beta\varepsilon\sum_{1}^{n}y_n+\frac{1-\beta}{n}\varepsilon\sum_{1}^{n}y_{n+1}\\&-\frac{\beta}{n}\nu\gamma-\frac{1-\beta}{n}\nu\sum_{n+1}^{2n}r_n\end{aligned} \tag{3.80}$$

可解出大国的产出 y 与小国的产出 y^* 的相关系数 Corr，它是一个由 u 等变量构成的函数：

$$\mathrm{Corr}(y,y^*)=\frac{1}{2n}\sigma m^2-\frac{1}{2n}[(1+\theta)m^*]-\frac{1}{n}(\sigma+c_1+c_2)u \tag{3.81}$$

$$\mathrm{var}(y)=\frac{(m-2m^*\theta-u)^2(1+\sigma)}{n(1+2\theta+\sigma)} \tag{3.82}$$

3. 合作的效率均衡

由 3.4 节得出的各国纳什均衡反应函数为：

$$m^E=-m^{*E}=u\overset{-E}{\mu}=uc_4\overset{-N}{\mu} \tag{3.83}$$

$$L^E=L^{*E}=u^2\overset{-E}{l}=u^2c_5\overset{-N}{l} \tag{3.84}$$

其中，

$$c_4=\frac{(1+2\theta)(1+2\theta+\sigma)}{(1+2\theta)^2+\sigma}>1$$

$$c_5=\frac{(1+2\theta+\sigma)^2}{(1+2\theta+\sigma)^2+4\theta^2\sigma}<1$$

根据 3.3 节，当各个市场达到均衡时，总供给等于总需求，于是每个国家的均衡条件可表示为：

$$ny_1=\delta\sum_{n=1}^{2n}z_{2n}+\frac{1-\beta}{n}\varepsilon\sum_{n=1}^{n}y_n+\frac{\beta}{n}\varepsilon\sum_{n+1}^{2n}y_n-\frac{1-\beta}{n}\nu\gamma-\frac{\beta}{n}\nu\sum_{n+1}^{2n}r_n \tag{3.85}$$

$$y_{n+1}=-n\delta z_{n+1}+\delta\sum_{n+2}^{2n}z_{n+2}+\beta\varepsilon\sum_{1}^{n}y_{n}+\frac{1-\beta}{n}\varepsilon\sum_{1}^{n}y_{n+1}-\frac{\beta}{n}\nu\gamma-\frac{1-\beta}{n}\nu\sum_{n+1}^{2n}r_{n} \tag{3.86}$$

可解出大国的产出 y 与小国的产出 y^* 的相关系数 Corr，它是一个由 u 等变量构成的函数：

$$\mathrm{Corr}(y,y^*)=\frac{1}{2n}\sigma m^2+\frac{1}{2n}[(1+\theta)m^*]+\frac{2}{n}(\sigma+c_4)u \tag{3.87}$$

$$\mathrm{var}(y)=\frac{m^2\sigma+(m+2m^*\theta-u)^2}{n(1+2\theta+\sigma u)(1+m)} \tag{3.88}$$

对比三种情况下的 $\mathrm{Corr}(y,y^*)$，可知：在非对称的外部冲击下，当 $c_4>c_1+c_2$ 时，通过合作的效率均衡，各国的经济相关系数最大，方差最小，一般情况下，这个条件是满足的。也就是说，在最优的合作效率均衡下，各国的经济协动性更趋于一致，且经济周期曲线趋于收敛。

综上可知，在对称冲击与非对称冲击下，合作的效率均衡所得出的各国相关系数都是最大的，而且各国经济波动曲线趋于收敛，说明各国的协动性更强，更趋于一致。换句话说，货币政策协调的层次越高，深度越深，那么各国的经济周期趋同程度越高。

故一般情况下，国际货币政策协调可以看作各国经济间的依存度不断提高、经济周期的协动性不断趋同的过程。货币政策协调的层次越高，程度越深，那么国家的经济周期协动性会呈正比关系，这是因为随着经济全球化与贸易一体化的进程加快，各国的经济通过投资、贸易、资本劳动输出、产业结构等溢出渠道，相互扩散深化，因而会出现通货膨胀、长期利率等宏观经济协同的现象。可以说，各国经济协调的加深，既降低了由于经济冲击带来的损失，也促进了各国经济周期的趋同。

第 4 章　多国的博弈论模型实证分析：欧盟内部政策协调研究

欧盟内部经济政策协调已有近二十多年的历史，欧盟从最初的十几个国家发展到目前的二十八个成员国，其在货币政策协调方面取得了巨大的成功，并且具有一定的经验。本章首先介绍欧盟内部宏观经济政策协调的历史背景及现状，针对欧元区的货币政策统一进行着重描述，并将前一章建立的多国博弈理论模型应用于欧元区内的分析，根据最优货币区理论（OCA），要素价格均等不仅能反映一体化的深化，也能反映货币政策协调的深化。欧盟在实现统一货币政策协调之前与之后，要素价格的不同趋同程度能反映出政策协调的层次。同时，政策协调程度越深，各国经济周期越趋于协同，本章据此就欧盟内部协调效果进行检验。

4.1　欧盟宏观经济政策协调的历史背景

随着欧盟一体化的开始，经济政策协调也拉开了序幕。1957 年，《罗马条约》正式签订。当时，罗马条约规定：“欧共体的目标是使得各成员国在制定经济政策的方向上靠近，促进整个共同体经济的协调发展及持续、稳定和平衡增长，加速成员国水平的提高即相互关系的加强。”为了实现此目标，贸易政策协调从工业品领域的自由流动登上了历史舞台。当时，欧盟共同大市场的建立是通过制定取消各国关税等方面的协调法案实施的。而且，随着自由贸易思想得到普遍认同，欧共体在关税同盟的制定方面进展得比较快速和顺利，执行起来也节约了大量时间成本。之后，农产品的自由流动也成为各国政府谈判的议题，经过几轮“马拉松式”的谈判，终于达成了共同农业政策，促使工业品与农产品市场的统一，大大增加了各国之间的贸易往来，在某些产业实现了规模经济，促进了各国的经济增长。随着市场的扩大，汇率的频繁波动就成了影响贸易的主要因素，而且维持汇率的稳定是促进共同大市场建成的主要因素。因此，“蛇洞制”与欧洲货币体系就先后开始了运作，汇率政策的协调就成了经济政策协调的主要内容。这一阶段，一方面各国之间的经济差异大大缩小，另一方面又进一步带动了欧盟的经济增长，使各国推动一体化向高一级深化的信心更加充足。在 1993—1999 年期间，各国分别采取紧急措施，进行经济政策的协调，促使利率、通货膨胀率、物价等经济指标的趋同。终于，在 1999 年 1 月 1 日，11 国（目前是 12 国）实现了货币一体化，经济货币联盟建立了。这时，财政政策的协调就上升为经济政策协调中的主要矛盾，能否实现财政一体化还有待理论和实践的探讨。税收政策是财政的重要组成部分，从 20 世纪 60 年代开始，税收的协调一直伴随着一体化进行，但成效并不显著。到目前为止，税收政策的协调已经成为一个很重要的问题（见表 4–1）。

表 4–1　　一体化进程中经济政策协调的主要内容

时间	政策协调的内容	协调的范围	协调的效果	协调的主体
1958—1968 年	关税同盟（工业产品的自由流动）	德国、法国、意大利、比利时、卢森堡、荷兰	增进了各国之间的贸易，并始终执行	各成员国政府
1962—1970 年	共同农业政策	原 6 国	10 年内达到了自给自足，1992 年和 1999 年进行了改革	欧盟委员会与各国政府
1972—1993 年	汇率政策协调	主要针对 6 国与爱尔兰、丹麦	“蛇洞制”运行的效果不佳，EMS 运行比较成功，稳定了各国之间的汇率机制	欧洲中央银行体系与各国政府
1994 年以后	货币政策协调与财政政策协调	欧盟 15 国	虽然采取了紧急措施，但趋同效果较好	主要是各成员国
1999 年至今	财政政策协调上升为主要矛盾	欧元区 12 国	就目前各国财政指标看，财政政策协调的效果较好	欧洲中央银行与欧盟委员会、部长理事会

从上述简要的历程中可知，伴随着经济一体化的深化，经济政策协调也呈现出了逐步递进的趋势，每个一体化的阶段都有相应的主要经济政策进行协调。虽然各阶段之间并非泾渭分明，甚至有交叉，但基本体现了政策协调的阶段性，并且政策协调的机制也逐步得到了完善，这对于推动其他经济一体化的政策协调安排有很好的借鉴意义。

4.2　欧盟宏观经济政策协调的历史发展

4.2.1　欧盟宏观经济政策协调的内容

（一）货币政策协调的内容

货币政策协调是西方国家比较频繁进行的一种政策协调。在欧盟区域内，虽然在《罗马条约》中曾提出，各国之间需要进行财政、货币政策的协调，但一直没有采取实质性的措施。在进行汇率政策协调期间，货币政策协调曾作为稳定汇率的辅助手段，但由于强国常常只考虑自己的利益，处于观望状态，并不采取紧缩措施，所以，当时各国之间的货币政策协调程度很弱。在1994—1998 年期间，欧盟成立了欧洲货币局，开始为货币统一做准备，各成员国为了能按时达到《马约》要求的趋同标准，都采取了紧急措施，如削减财政开支，提高税收等。到了 1999 年，有 11 个国家符合了趋同标准，加入了欧元区。从此，11 国的货币政策制定权让渡给欧洲中央银行，使货币政策实现了统一，达到了协调的最高形式。因此，分析货币政策协调问题，主要是研究货币一体化的形式。欧洲中央银行（ECB）开始负责对欧元区货币政策的各项职能作出规定，而成员国的央行只需按规定进行执行和操作即可。无论是共同货币政策的制定，还是各成员国分散执行货币政策，都存在着协调问题。到目前为止，欧元虽未像预期的那样坚挺，但在 2002 年已正式进入流通。欧盟货币的统一，推动了一体化的进程，也将会给区域带来很大的经济效应。

（二）其他经济政策协调的内容

1. 贸易政策协调

随着欧洲经济一体化的开始，阻碍商品流动的关税就成为首要消除的对象，贸易政策的协调就显得尤为重要，关税同盟、共同农业政策建立起来。关税同盟实现了工业产品的自由流动；共同农业政策实现了农产品的自由流动，建立了欧洲农业指导和保证基金。贸易政策协调是欧盟进行政策协调的第一站，也是对欧盟经济一体化影响较大的政策协调。贸易政策协调执行得比较顺利，而且有很强的经济影响。共同农业政策在一定程度上取得了很大的成功，同时也带来了很大的经济成本。

2. 汇率政策的协调

欧盟在实现了关税同盟和共同农业政策以后，已经实现了工业品和农产品的自由流动，形成了统一的商品市场，大大提高了欧盟内部贸易的效率，使各成员国之间的交易成本大大降低。随着区内的商品流、贸易流的形成，汇率的波动成为影响贸易的主要因素。为了给一体化的深化注入活力，稳定汇率已成为各成员国亟待解决的问题。在第二次世界大战之后，欧洲经历了三种汇率机制：欧洲结算同盟、“蛇洞制”、欧洲货币体系。汇率政策的协调是统一市场发挥效力的必要条件，有利于保证共同农业政策的实施效果，稳定了区域内的汇率，又促使各国货币的稳定，促进各成员国在多项经济指标上接近，从而推动了欧盟内部经济体的总体实力。

3. 税收政策的协调

欧盟从关税同盟到共同市场，再深化到目前的经济货币联盟，逐步实现了商品的自由流动及要素的自由流动，这就使成员国之间的贸易障碍主要体现在各国之间的税制与税率的差异上。这种差异已成为扭曲各成员国之间要素配置比较优势的主要因素。所以，随着一体化的加深，税收的协调已成为欧盟机构及成员国面临的主要问题。税收政策是国家主权的象征，是国家经济政策的一部分，欧盟各国依然拥有制定税收政策的主动权。在 1993 年共同大市场建成以后，为了彻底消除商品、服务、生产要素自由流动的障碍，各国之间进行了间接税和直接税的协调。最早采取措施进行协调的是间接税，它对欧盟经济一体化的发展起到了很大的促进作用。

4. 财政政策的协调

经过 40 多年的努力，欧洲终于实现了货币联盟。1999 年 1 月 1 日，欧元正式启动。欧洲一体化已达到了一体化的最高程度——货币一体化。随着一体化的深化，经济政策的协调也由以前的以汇率政策、货币政策的协调为主发展到目前的以财政政策协调为主要矛盾的阶段。欧盟财政政策协调分为两个层次：一是欧盟一级的协调，各国把一部分财政收入转让给欧盟超国家机构，形成欧盟共同的财政预算收入，然后进行再分配。通过欧盟共同财政来体现，这部分财政预算称为欧盟共同的自有财政预算。二是各成员国之间的财政政策协调。各成员国的财政预算大部分权利都保留在各成员国内部，各国可以根据本国的经济状况进行灵活制定。但欧洲经济货币联盟在成立之后，为了保证机制的顺利运行，对各成员国的财政预算提出了约束要求，促使各国进行财政政策协调。众所周知，财政政策需要通过财政工具对经济起作用。财政工具包括政府支出和税收，政府支出常以预算的形式体现。所以，财政政策的协调实质上是各国预算和税收的协调。财政政策的协调有利于克服其区域性溢出效应，提高欧盟整体的内聚力和一致性也是市场一体化、货币一体化的客观要求，有利于提高欧盟整体的内聚力和一致性。

4.2.2　欧盟宏观经济政策协调存在的障碍

从欧债危机的爆发到欧盟内部成立统一的清算机构，都是由于欧盟内存在制度和地区外溢性。非集中化的财政政策与集中化的货币政策产生制度外溢效应，以及欧盟内部地区间要素和信息的外溢效应，使得欧盟内部政策协调暴露出一些问题：

1. 共同央行的独立性及信誉问题

欧洲央行如果能保证其货币当局的独立性和信誉，即保证物价稳定的承诺，那么不仅将促进有效的货币政策形成，也可以约束各国的财政政策，以期减少扩张性的财政政策造成的经济负面状况。如果某国政府在通货膨胀的情况下，税收机制扭曲，央行不信守承诺，那么政府就会实行赤字融资方式，最终使得央行放弃物价稳定的目标，引发更高一轮的通货膨胀。相反，如果央行信守承诺，保证物价稳定，那么就能对其他国的财政政策起到约束作用。这可以用一个斯塔克伯格模型来阐述，其他成员国的财政当局是斯塔克伯格模型中的追随者，因而避免了政策制定中的不稳定因素及冲突。

欧洲主权债务危机就是一个很好的例子。希腊、意大利等国由于本国赤字严重，超额实行扩张性的财政政策引发债务危机，国家难以偿付大量国债，并使得危机通过溢出效应传染到其他成员国。尽管欧洲各国及央行实施援助，危机得以控制，但造成的影响十分恶劣。这使得欧盟货币当局的独立性及信誉受到威胁，因而带来潜在的制度外溢性。

2. 财政政策与货币政策的相互作用

欧盟内部由非集中化的财政政策和统一的货币政策机制构成，这一先天缺陷容易导致通货膨胀风险及公共物品的过度供给。根据库珀（Cooper）的模型，在一个货币联盟内，如果央行及财政当局的经济目标相同，那么只有当央行处于领导者角色时，才会实现帕累托改进；如果财政当局处于领导者角色，只有当一国经济总量与其在货币联盟内受到的冲击高度相关时，才会实现帕累托改进。也就是说，只有当欧盟内部的货币财政政策目标一致，对通货膨胀及经济产出看法相同时，就可以达到纳什均衡，改善福利。如果欧盟内部的货币财政政策目标不一致，即达到不可协调的程度，那么最终的经济产出及物价水平就会偏离政策制定初始的理想状态。

3. 财政约束及协调问题

欧盟内部存在搭便车现象，即当其他国家遵守约束，主动控制外债规模，控制赤字产生，提供充分的公共物品时，每个国家都有可能会放松本国的公共预算，在预算中搭便车，最后导致财政约束松懈，威胁到欧洲央行的信誉、欧盟货币联盟内部的经济稳定。在预算约束缺失的条件下，财政约束的规定是优先的选择。尽管《马斯特里赫特条约》与《稳定与增长公约》可以看作是对各内部成员国的约束，以减少各国违约的行为，提高其违约成本，阻止内部各成员国产生向外转移内部财政问题的现象，避免欧盟货币区经济下滑，但是这种财政约束规定在理论上可行，在实际操作中却与欧洲央行的目标相抵触，反而制约了财政政策的约束，使其不能发挥经济稳定功能。最主要的原因是溢出效应。当一国实行扩张性的财政政策时，由 IS–LM 模型可知，世界利率整体上升，溢出效应导致他国的经济下滑，最终将本国的负效应传递到其他国家内。

4. 对经济运行方式的看法不同

欧洲货币联盟内各个国家经济发展运行方式不同，发展水平不一，其中德国、法国、瑞士等国经济状况较好，希腊、意大利、西班牙等国由于受欧债危机影响，经济波动很大，市场低迷。由于各国对未来经济形势看法不同，很难在协调收益上达成统一。比如，在欧债危机期间，德国希望欧洲各国的救助计划旨在保证欧元币值稳定，而法国等国家则着眼于欧盟成员国的经济稳定增长。有的国家认为协调可以使得本国获得更大的收益，而有的国家并不认为协调能带来实质性的发展，从而使协调成本加大。而且由于各国使用的经济模型不同，获取信息的渠道不一，使得他们在经济政策的目标上不一致，一国在制定政策时更倾向于从本国利益出发，除非政策协调能给本国带来福利的改进，否则协调很难达到效果。因而，对经济运行的看法意见不一是经济协调的最大障碍。

5. 欧盟东扩后的协调问题

虽然欧盟东扩后将增加欧盟整体的经济、政治实力，但事实上，根据欧盟东扩后的具体情况，能否像预期的那样很大程度上将取决于成员国之间的经济政策协调状况。成员国随着东扩，经济往来必然增多，经济联系也将变得非常密切。同时，成员国的数量增多将增加谈判的交易成本，成功的协定需要通过在谈判桌上进行讨价还价、相互妥协才能实现，一方面取决于各方所获得利益的均衡性，另一方面将取决于决策机制的效率。如果从决策机制上不能对决策的效率绝对保证，那么成员国之间实现利益的均衡就很难，也必然延长谈判时间和交易成本。由于成员国发展水平差异较大，新成员国的整体人均 GDP 还不及欧盟的三分之一，其中人均 GDP 最高的匈牙利发展水平还不如欧盟中经济发展水平最差的希腊、葡萄牙，这使得各国对政策的需求不同，而且各国的经济运行模式不一，经济体制不同，在经济融合中必然出现摩擦，需要国家之间进行微观政策协调和宏观政策协调，经济政策协调的领域和范围将加大。中东欧国家大多数处于经济体制转轨阶段，还没有建立成熟的市场经济体制，在商品市场上，商品的价格也不能充分反映市场的变化，价格不能作为调节供给和需求的工具，从而使得欧盟东扩后面临着协调成本、难度加大，范围、程度加深的问题。

4.3　多国的博弈论模型：欧盟内部货币政策协调研究

本节是一个具体案例的应用研究，以国际货币体系中出现的欧洲货币一体化为例，在李雪松等学者研究的基础上，构建一个多国博弈模型，并分析欧洲货币一体化在国际货币政策协调中的重要作用及其所面临的挑战。

欧洲货币一体化是在当今世界金融日益自由化、证券化及全球化的大背景下产生的区域性货币政策联盟，它是一种协议联盟。欧盟国家选择货币的单一化，其内在的经济原因是由于目前欧盟国家进出口贸易的60%是在区内完成的。统一货币可以降低交易成本，而且可以避免欧元区各国通过自行决定的货币和汇率政策来片面刺激出口，以邻为壑，大打汇率战的可能。其外在的原因是，各成员国共同使用欧元以后，可以极大地加强对欧元汇率稳定的控制能力，在相当程度上避免来自欧元区外部的国际汇率剧烈波动和国际投机资本的冲击。

实行单一货币政策是迄今为止将金融自由化与汇率制度相互融合的一次有意义的措施。历史上，许多国家都使用过不同的汇率政策，来保持和稳定本国的经济市场。但由于彼此开放程度不高，所以要保持汇率稳定非常容易操作，而且当时由于各国政府对自身市场的资本项目实施管制，使得投机行为难以产生。但是，随着金融自由化及全球化步伐的加快，资本管制的程度逐渐降低，开放度提高，投机现象时有发生，而且各国难以长期保持汇率稳定。于是，各国政府面临要么采取单一固定汇率制，要么采取浮动汇率制的两难选择。由此，单一货币制便产生了。

为了说明欧洲货币一体化在国际货币政策协调中的重要作用，我们可在第四章多国博弈模型的分析框架下简化地进行研究。

为了便于分析，首先作如下简化假设：

（1）世界经济有 $2n+1$ 个国家组成，A 国、B 国与 C 国等。

（2）A 国是指“欧元区外部国家”，B 国与 C 国等国分别是指“欧元区内部国家一”“欧元区内部国家二”……

（3）B、C……等国结成货币联盟 I —— “欧元区”，它是按照合作型的对称效率均衡方式进行的，由于这种货币联盟的长期性，因此便直接采用了统一货币的形式，并成立欧洲中央银行。欧洲中央银行便是位于 B、C 等国之上的超级权威机构，统一控制 B、C……等国货币供应量，使各国损失的加权之和最小（两国损失权数各占 $2n$ 分之一）。

（4）B、C……等国结盟的方式不仅是一次性博弈中的协议结盟，而且是一种相对长期的结盟（可以面对多次重复博弈）。这种结盟对外旨在共同参与因世界生产率冲击，国际投机资本冲击，国际汇率剧烈波动等引起的与 A 国之间的政策博弈，共同维护 B、C……等国的利益。

（5）B、C……等国的结盟不是“暗中结盟”，而是“公开结盟”。

（6）各国共同存在一个对称型的世界生产率冲击 x（$x>0$）。

（7）欧元区内部各个国家还面对另外一个冲击，这种冲击在抵消世界生产率冲击 x 之后，既可能仍表现为某种对称型的生产率冲击 x'，也可能表现为某种非对称型的需求冲击 u'，假设来自欧元区外部的国际投机资本冲击或国际汇率剧烈波动冲击对欧元区内部两国而言，可被视为存在某种对称型的生产率冲击 x'，假设来自欧元区内部两国政府之间的相反的财政政策冲击可被视为存在某种非对称型的需求冲击 u'。

（8）其他假设与第三章相同。

欧元区外部国家以及欧元区内部各个国家之间的博弈模型基本方程可以用第四章的方程来表示，其损失函数则改写为：

$$L_A = \frac{1}{2n}\sigma m_A^2 + \frac{1}{2n}\left[m_A - \theta\sum_1^{2n} m_{2n} + x\right]^2 \tag{4.1}$$

$$L_B = \frac{1}{2n}\sigma m_B^2 + \frac{1}{2n}\left[(1+\phi-\theta)m_B - (\phi-\theta)\sum_1^{2n} m_{2n} - 2\theta m_A + x\right]^2 \tag{4.2}$$

……

如果没有世界生产率冲击，只要各国的货币供应量不变，则各国的就业、物价、汇率等都将保持不变。可是，根据上面的假设条件（3），当存在对称型的世界生产率冲击时，各国的消费价格指数都将上升。此时，各国都将面临着相同的经济过热及通货膨胀问题。由于各国货币政策是相互作用、相互影响的，所以便引发了一个多国政策博弈与政策协调的问题。

根据第四章关于对称型外部性与非对称型外部性的定义，我们可以把上述假设条件（7）中的两种不同冲击区分开来。

第一种类型，当欧元区内部国家主要面对来自欧元区外部的国际投机资本冲击与国际汇率剧烈波动冲击时，$\phi-\theta>0$，各国之间的外部效应全为负，这属于“对称型外部性”情形。

第二种类型，当欧元区内部各国主要是面对它们自己各国之间不同的财政政策冲击时，$\phi-\theta<0$，各国之间的外部效应有正、有负，这属于“非对称型

外部性”情形。

下面将分别针对这两种情形进行讨论，阐述欧洲货币一体化所面临的挑战。

（一）对称型外部性与欧盟货币政策协调

根据第四章的分析，在对称型外部性情形中，即欧元区内部国家面对着来自欧元区外部的国际投机性资本冲击或者国际汇率剧烈波动冲击时，欧元区内部国家之间公开联盟并实行货币一体化必然是有利的。

在欧洲货币一体化之前，假设多国博弈的结局为“纳什—纳什均衡”，在欧洲货币一体化之后，假设多国博弈的结局为“合作—纳什均衡”。图 4–1 给出了实行欧洲货币一体化政策时的示意图（来自欧元区外部的国际投机资本冲击或汇率波动冲击情况）。

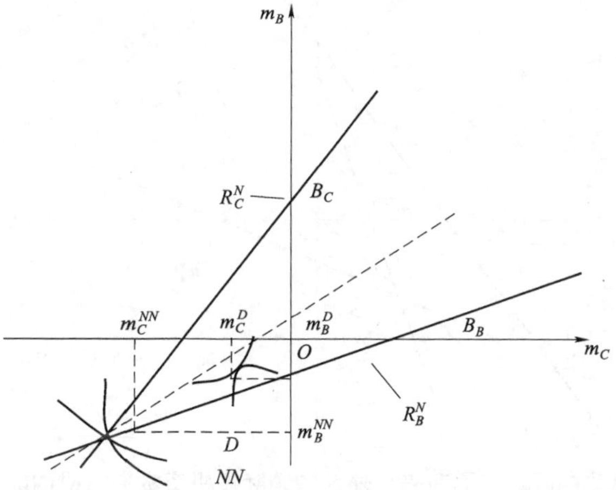

图 4–1　欧洲货币一体化中的合作均衡（外部国际投机资本或国际汇率波动情况）

图 4–1 为欧元区内部国家实行货币一体化时按所达成的对称效率均衡（合作均衡）的简化示意图。欧洲中央银行将按照帕累托效率均衡方案实行统一的货币政策，图中 D 为实行欧洲货币一体化时的合作均衡点，NN 为未实行货币一体化时的纳什均衡点。为了更准确地反映出对称型外部性情形（面对来自欧元区外部的国际投机资本冲击或汇率剧烈波动冲击的情形）中欧洲货币一体化的重要作用，下面把第四章中几个相关的反应函数重新罗列如下。

第一，在实行欧洲货币一体化前后，A 国的纳什反应函数都是下面的形式：

$$m=\frac{2\theta m^{*}-x}{1+\sigma} \tag{4.3}$$

第二，在实行欧洲货币一体化之前的纳什—纳什均衡中，B、C……等国的“纳什反应总曲线”为：

$$m^*=\frac{2\theta m-x}{1+\left[\dfrac{\sigma}{1+\phi-\theta}\right]} \tag{4.4}$$

第三，在实行欧洲货币一体化之后的合作—纳什均衡中，B、C……等国的“统一反应函数”（即联盟反应函数）为：

$$m^*=\frac{-\chi}{1+\sigma}=\frac{2\theta m-x}{1+\sigma} \tag{4.5}$$

在图 4–2 中，合作—纳什均衡点 CN。

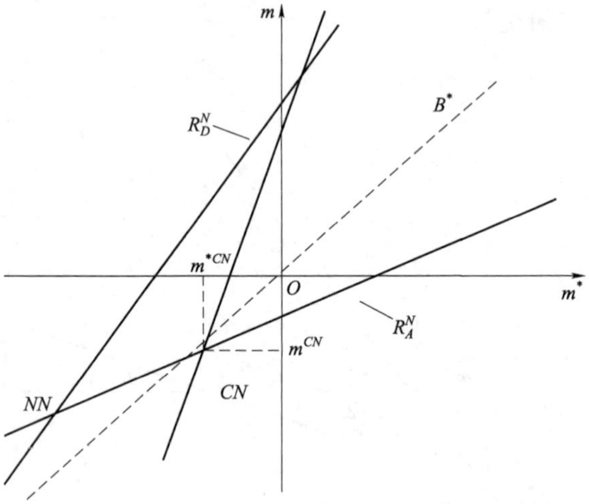

图 4–2　欧洲一体化的收益（面对来自外部的国际投机资本冲击或国际汇率波动的情况）

在对称型外部性情形中，即欧元区内部国家面对着来自欧元区外部的国际投机资本冲击或者国际汇率剧烈波动冲击时，$\phi-\theta>0$，在实行欧洲货币一体化的前后，通过比较纳什—纳什均衡与合作—纳什均衡，可以得出如下结论：

第一，对比方程（4.3）与（4.4）式可知，统一反应函数线比纳什反应总线的斜率更大，直线更陡峭。因此，对于任意一个 A 国的货币供应量，欧洲中央银行统一决策时货币供应量的减少量要小于成员国中央银行分散决策时货币供应量的减少量。

第二，实行欧洲货币一体化后，在合作—纳什均衡时 A 国货币供应量的减少量也更少（见图 4–1）。

第三，实行欧洲货币一体化之后，多国的损失都有所降低。从图中可以看出，合作—纳什均衡点不仅更接近联盟的极乐点，而且也更接近 A 国的极乐点。

总之，当存在对称型的世界生产率冲击时，在对称型外部性情形（$\phi-\theta>0$）

中，如果欧元区内部国家面对着来自欧元区外部的国际投机资本冲击或者国际汇率剧烈波动冲击，实行了欧洲货币一体化政策，不仅可以降低欧元区内部国家的损失，而且可以降低欧元区外部国家的损失。由此可见，欧洲货币一体化可以在国际政策协调方面发挥重要作用，不愧是自 1944 年布雷顿森林体系以来最重要的一个具有里程碑意义的经济事件。

（二）非对称外部性与欧盟货币政策协调

上节针对来自欧元区外部的国际投机资本冲击或国际汇率剧烈波动冲击（对称型外部性）的情形，分析了欧洲货币一体化在国际货币政策协调中的重要作用。本节将针对来自欧元区内部多国之间不同的财政政策冲突（非对称型外部性）情形，阐述欧洲货币一体化所面临的挑战。

尽管在过去十年里，欧元区国家为达到《马斯特里赫特条约》所定下的严格标准，确实创下了不少经济奇迹，但是近年的欧债危机爆发，使得各成员国对经济危机束手无策。与高失业率相比，相形见绌的是财政政策的非中央化，也是欧元区制度设计内生的矛盾。这一难题如果得不到解决，欧元区内部的经济矛盾也必将是欧洲中央银行难以招架的，并会对欧元的未来前景构成潜在的威胁。

有一点可以肯定：当欧元区内的失业率非常高时，欧元将会崩溃。人们会认为是欧洲央行的原因导致失业率的提高，因此需要大幅度地降低失业率。幸运的是，只要是采取了单一货币体制的国家，都可以降低其失业率。目前，摆在欧洲面前的主要难题是：欧洲央行很难遵循“央行—政府”的模式来规范各成员国政府的财政政策，各国政府为了解决各自不同的失业问题，可能会采取相互冲突、互不协调的财政政策。

欧元区面临的这一难题同样可以在本章多国博弈模型的框架下进行分析。根据上一章的分析结果，当存在对称型的世界生产率冲击时，在非对称型外部性情形（$\phi-\theta<0$）中，由于可能出现联盟失灵问题，相互冲突的财政政策向欧洲货币一体化提出了挑战。

图 4–3 给出了实行欧洲货币一体化政策时的示意图（来自欧元区内部不同的财政政策冲击情形）。欧洲中央银行将按照帕累托效率均衡方案实行统一的货币政策，图中 D 为实行欧洲货币一体化时的合作均衡点，NN 为未实行货币一体化时的纳什均衡点。

图 4–4 为欧元区各国与欧元区外部国家之间达成的合作—纳什均衡的示意图，它直观地反映了欧洲货币一体化所面临的挑战。

在非对称型外部性情形中，即当欧元区内部国家面临着来自欧元区内部的不同财政政策冲击时，即 $\phi-\theta<0$，在实行欧洲货币一体化的前后，通过比较纳什—纳什均衡与合作—纳什均衡，可以得出如下结论：

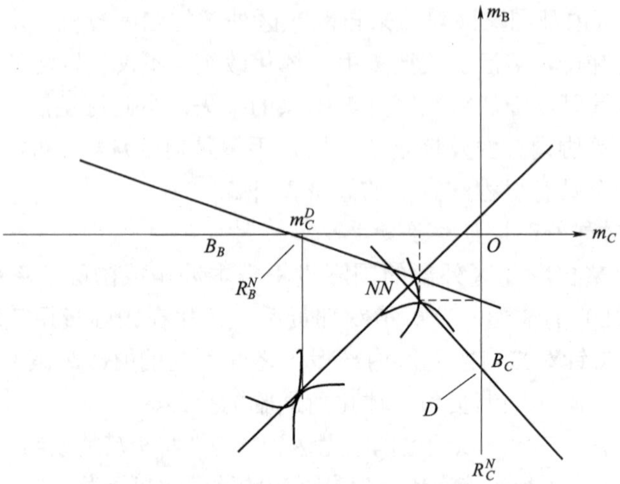

图 4–3　欧洲货币一体化中的合作均衡
（来自欧元区内部不同的财政政策冲击的情况）

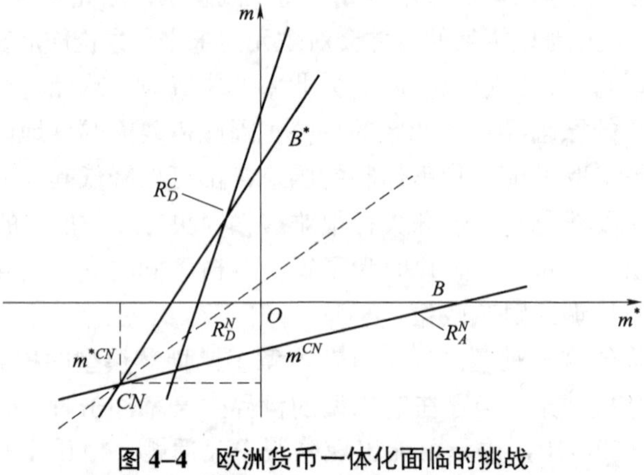

图 4–4　欧洲货币一体化面临的挑战
（面对来自欧元区内部不同的财政政策冲击的情况）

第一，对比方程式可知，统一反应函数比纳什反应总线的斜率更小，直线更平缓，见图 4–4。因此对应于任意一个欧元区外部国家的货币供应量，欧洲中央银行统一决策时货币供应量的减少量要大于成员国中央银行分散决策时货币供应量的减少量。

第二，实行欧洲货币一体化后，合作—纳什均衡时欧元区外部国家货币供应量的减少量也更多，见图 4–3。

第三，实现欧洲货币一体化之后，各国的损失都有所增加。从图 4–4 可以看出，合作—纳什均衡点 CN 与纳什—纳什均衡点 NN 相比，不仅更远离联盟

的极乐点 B^*，而且也更远离欧元区外部国家的极乐点 B。

总之，当存在对称型的世界生产率冲击时，在非对称型外部性情形中（$\phi-\theta<0$）中，如果欧元区内部国家面对着来自欧元区内部不同的财政政策冲击，欧洲货币一体化不仅不可能降低欧元区内部国家的损失，而且还会增加欧元区外部国家的损失。

既然欧洲货币一体化实施之后，欧元面对的主要挑战是如何协调一种货币政策与各种不同财政政策问题，欧元在设计时便已制定了如下规则：第一，欧元国将各自的货币政策决策权交给欧洲中央银行，因而各成员国无法用利率等手段调控经济发展方向；第二，欧元国的预算赤字不得超过国内生产总值的 3%，否则将被处以高额罚款，从而限制了各成员国财政政策的使用。这些规则一方面可以确保欧元币值的稳定，另一方面也是为了防止因失业等问题导致发展水平不同的成员国内部矛盾激化，从而危及欧元的未来发展。

由此可见，尽管欧洲货币一体化可以在国际货币政策协调方面发挥重要作用，但是欧元区国家还面临着来自内部的挑战，其内忧状况仍需要相当长的一段时间去解决。

综上所述，从世界范围来看，欧洲货币一体化在相当程度上解决了金融全球化形势下欧洲的问题。但是，要彻底消灭国际投机资本冲击及国际汇率剧烈波动冲击给世界经济带来的不利影响，必须在世界范围内实行固定汇率制。但这一固定汇率制不应是金本位制和布雷顿森林体系下的固定汇率制的简单回归。金本位制虽好，但已不适应今天经济的发展，它的辉煌只属于历史。布雷顿森林体系下的固定汇率制因其无法弥补的先天缺陷已经被淘汰，不可能再在今天发挥什么作用了。所以，尽管欧洲遭遇了前所未有的经济寒冬，但欧洲中央银行的成立和欧元的启动始终是国际货币政策协调具有历史意义的一步。

4.4　欧盟内部政策协调的效果评价

一、欧盟内部宏观经济政策协调效果评价

任何经济理论实证过程的完成并不是实证过程的完结，而是实证研究过程中的第一个阶段。只有在此基础上，完成其经验实证过程，才算暂告一个段落。简言之，经验实证过程就是对经济理论实证过程所得出的结论进行经验检验的过程。根据国际制度创新理论的分析，可以得出，欧盟的经济政策协调是一个逐渐深化的过程。如果要证明此理论是正确的，就需要用计量模型来检验欧盟

经济政策协调是一个逐步深化的过程，深化的体现就是要素价格的趋同及宏观经济变量的趋同。政策协调的层次越高，通过宏观经济变量对微观要素价格的影响就越大，所以，最终能实现生产要素价格均等的目标。根据最优货币区理论（OCA），要素价格均等不仅能反映一体化的深化，也能反映货币政策协调的深化。欧盟在实现统一货币政策协调之前与之后，要素价格的不同趋同程度能反映出政策协调的层次。

（一）劳动力价格的趋同检验

早在 20 世纪六七十年代，就有经济学家指出，区域经济一体化的最终目标和标准是生产要素价格的均等化。豪曼（Holzman，1976）曾定义经济一体化为两区域间相似商品和要素价格均等的状况。关税同盟使商品的价格趋于相同，共同大市场、经济货币联盟使生产要素价格趋于相同。所以，生产要素价格的趋同虽然不是经济一体化的直接目的，但确实是经济一体化的最终结果。很显然，经济政策协调是经济一体化最直接的客观表现，政策协调的逐步深化也必然通过生产要素价格的趋同来体现。而这里所说的生产要素的价格是指劳动力的价格、资本的价格。所以，劳动力价格的趋同检验采用的是早已被普遍接受的一个基本工资模型，来测试 2000—2010 年期间欧盟内部要素价格的均等化趋势。

该模型来源于一个早已被普遍接受的工资等式：

$$(w-p)=a_0-a_1U_t+a_2(K-L)_t+a_3t_t^d+a_4w_t^i+a_5tot_t \tag{4.6}$$

其中，w 是制造业总小时劳动成本，p 是制造业生产的增值价格指数，U 是失业率，K 是制造业资本存量，L 是制造业生产时数，t 是平均的直接税率，tot 是间接税和贸易条件，w^i 是制造业间接小时劳动成本。为了使等式（4.6）适合于检验 FPE 理论，它被改写为成员国 I 的实际工资水平与欧盟平均水平的差异，而且加上了一个开放度变量，以检验它是否如 FPE 理论预测的那样影响工资水平。下面给出这个等式：

$$\begin{aligned}&[(w-p)_i-(w-p)a]t=\beta_0-\beta_1[U_i-U_a]+\beta_2[(K-L)_i-(K-L)_a]+\\&\beta_3[t_i^d-ta^d]_t+\beta_4[w_i^i-w_a^i]_t+\beta_5[tot_i-tot_a]_t+\beta_6D^*op_{i,t}+\varepsilon_i\end{aligned} \tag{4.7}$$

$$H_0:\beta_6=0;H_1:\beta_6<0$$

其中下标 i 和 a 分别代表成员国 i 和欧盟国家的加权算术平均，op 代表欧盟内部开放度，ε 是一个零均值有限误差。D 是一个 1、–1 变量，当实际工资高于平均值的时候取 1，当实际工资低于平均值的时候取–1。开放度等于内部实际进口商品除以整个经济的实际 GDP。由于等式（4.6）中的一些变量是由相应的价格衡量的，它们需要被转换成国际价格。式中总小时劳动成本、直接税率、贸易条件和间接劳动成本用美元购买力平均价格衡量。通常 *U* 和 *K–L* 值各国都有相同的计量手段，否则，具有较大的 *U* 和 *K–L* 值的成员国会在平均值中占有较大的比重。

需要检验的 $H_0^*:=0$ 表示经济的开放度不影响工资的变化趋势。另外一个假设是：根据 FPE 理论，各国实际工资随着联盟内部的开放而逐步趋同。所以，如一国实际工资高于平均值，随着经济的开放，实际工资会出现相对的减少。另一方面，如一国实际工资低于平均值，随着经济的开放，实际工资会相对增加。在后一种情况下，*op* 乘了一国系数–1。

利用 Saikkonen 的协同回归估计方法，我们可以获得 1 列的 *t* 统计量。于是，就可以根据 FPE 理论作出推论。Saikkonen 的估计方法用前期、当期和下期的 3 个回归值进行估计。由于只有 34 个国家能获得观测值，所以在等式(4.5)的估计值中采用了当期和下期的两个回归值。利用 Saikkonen 的估计方法得出 11 国等式（4.5）的估计结果如附表 4–2，与结果无关的系数没有在表中列出。

表 4–2　　　　欧盟国家 1990—2010 年要素价格均等趋势估计

国家	op	tot	K–L	U	Td	R2	ADF
奥地利	0.02（0.52）	0.94	0.16	0.03	0.29	0.92	4.07
比利时	0.01（2.15）	0.93	0.01	0.27	0.22	0.93	4.89
丹麦	0.02（0.33）	0.71	0.57	0.01	0.2	0.97	4.79
芬兰	0.01（2.16）	0.66	0.37	0.06	0.16	0.99	3.94
法国	0.11（2.79）	0.56	0.23	0.01	0.39	0.94	3.78
德国	–0.01（1.45）	0.63	0.03	0.03	0.05	0.91	6.76
希腊	0.01（3.30）	0.91	0.37	–0.17	1.06	0.95	5.62
爱尔兰	0.01（2.74）	1.31	0.08	0.38	0.35	0.87	4.77
意大利	0.12（2.93）	0.06	0.22	0.03	0.58	0.89	1.72
荷兰	0.00（0.15）	1.24	0.49	0.01	0.63	0.92	1.73
葡萄牙	0.02（5.23）	0.8	0.52	0.15	0.68	0.93	5.27

续表

国家	op	tot	K–L	U	Td	R2	ADF
西班牙	0.02（1.78）	0.53	0.79	0.1	0.18	0.98	4.98
瑞典	–0.14（2.44）	0.27	0.5	0.1	0.51	0.91	5.62
英国	0.01（3.72）	1.15	0.78	0.1	0.58	0.90	5.24

注：（1）没有卢森堡的数据，因为数值太小，对分析结果没有影响。
（2）括号里数值为 t 检验值。
（3）*R*2 为相关系数。
（4）ADF 为增大的 dickey–fuller 测试。

以 95%的置信度用 *t* 检验方法检验前面的假设，结果显示 11 个国家的数据拒绝假设。也就是说，它们的开放度前面的系数显著地区别于 0，而且大多数国家的系数是负的，这个结果是对 FPE 理论的支持。这说明欧盟建立以来，各国工资价格不断趋同。但由于成员国间要素流动的不完全和移民流动的相对限制等因素，各国工资水平并没有完全均等。所以，需要更高级的一体化阶段去实现。

（二）资本价格趋同的检验

对于资本要素，它在金融市场上的价格是利率。那么，资本要素价格的趋同就表现为利率的趋同。利率的差异与两种要素相关联：供给与需求的差异以及通货膨胀的差异。资本的供给与需求决定了资本的价格，而它的供给与需求又取决于资本市场的一体化的程度。随着欧元的正式启动，各国的金融交易壁垒逐步消除，资本在欧盟金融市场上自由流动的程度提高，利率就会逐步趋同。另外，各国通货膨胀的差异会随着货币联盟的建成而消除。图 4–5 反映了 1980—2013 年欧盟各国（选取了奥地利、比利时、法国、德国、爱尔兰、意大利、葡萄牙）长期利率的变化情况。

从图中可以看出，长期利率趋同趋势与欧盟一体化进程基本上是一致的。当一体化向前发展时，利率也趋于均等；反之，当一体化受挫时，各国利率也呈现离和趋势。具体来说，20 世纪 80 年代中期至 1993 年，资本价格在 EMS 利率稳定和资本流动自由化措施的作用下，重新呈现趋同。1993 年 EMS 出现危机后，就出现离和趋势。1999 年以前，欧元区还并未成立，各国的利率保持离和状态，最大差距甚至达到过 16%。随着 EMU 的建立，各国履行稳定增长公约，经济指标数据状况良好，因而 1999—2008 年，欧盟各国长期利率保持了多年的高度吻合，这与欧元区成立前的趋势图大相径庭。直至近期受美国次贷危机爆发、欧债危机的影响，2008—2013 年，各国利率数据保持离和状态，但总体趋势相对比较一致。

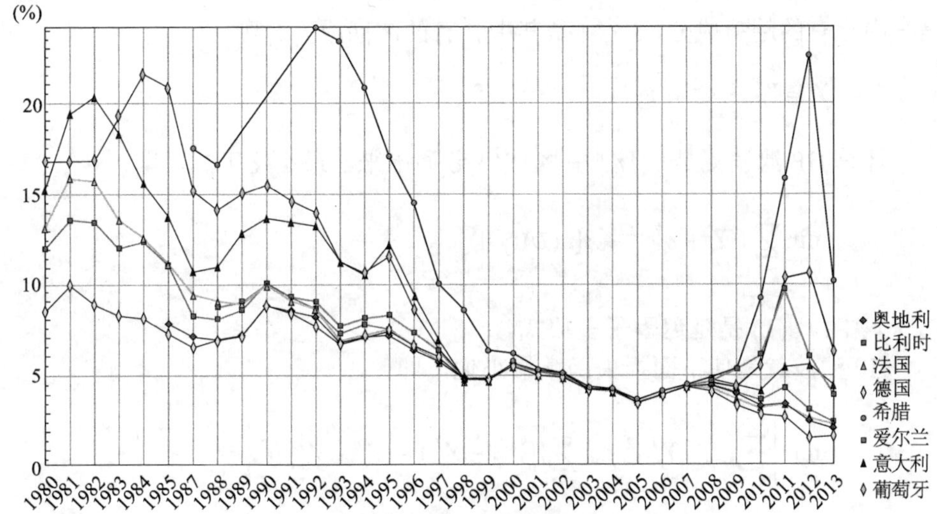

图 4–5　欧盟各国的长期利率趋同

资料来源：EIU 数据库

因为经验实证只能伪证，而不能证实，所以上述生产要素价格趋同的检验不能否定欧盟经济一体化逐渐深化的事实，当然也不能否定经济政策协调逐步深化的事实。因此，欧盟的经济政策协调不断升级是很显然的。

（三）经济周期协动性检验

欧盟内部宏观经济政策协调可以看作各国经济间的依存度不断提高，经济周期的协动性不断趋同的过程。随着经济全球化与贸易一体化的进程加快，各国的经济通过投资、贸易、资本劳动输出等溢出渠道，相互扩散深化，因而会出现通货膨胀、长期利率等宏观经济现象协同的现象。可以说，各国经济协调的加深，既降低了由于经济冲击带来的损失，也促进了各国经济周期的趋同。

为了检验欧盟主要国家经济周期的协调性，本节使用 HP 滤波对欧盟主要各国的 GDP 进行 HP 分解，使用小波方法对各国的实际 GDP 时间序列进行了多分辨率分析，最小化了趋势成分，并计算了欧盟各主要国家之间的小波协调相关系数。

1. 欧盟各主要国家经济周期的 HP 滤波分析

本节将从 1980—2012 年数据开始分析，分为四个阶段，对比欧元区成立前后以及欧债危机爆发前后，分别计算各个阶段欧盟 14 国实际国民生产总值经 HP 滤波后的经济周期协动性系数。根据系数来判断欧盟内部宏观经济政策协调的程度与效果。

HP 滤波方法是，设 $\{Y_t\}$ 是包含趋势成分和波动成分的经济时间序列，$\{Y_t^T\}$

是其中含有的趋势成分，$\{Y_t^C\}$ 是其中含有的波动成分。则

$$Y_t = Y_t^T + Y_t^C，t=1，2，\cdots，T$$

计算 HP 滤波就是从 $\{Y_t\}$ 中将 $\{Y_t^T\}$ 分离出来，最小化下式，即：

$$\min \sum_{t=1}^{T} \{(Y_t - Y_t^T)^2 + \lambda[c(L)Y_t^T]^2\}$$

式中：$c(L)$ 是延迟因子多项式。

HP 滤波就是使下面损失函数最小化，即：

$$\min \left\{ \sum_{t=1}^{T} (Y_t - Y_t^T)^2 + \lambda \sum_{t=2}^{T-1} [(Y_{t+1}^T - Y_t^T) - (Y_t^T - Y_{t-1}^T)]^2 \right\}$$

随着 λ 值的增加，估计的趋势越光滑。

图 4–6 为欧盟主要 14 个国家实际 GDP 的 HP 滤波。

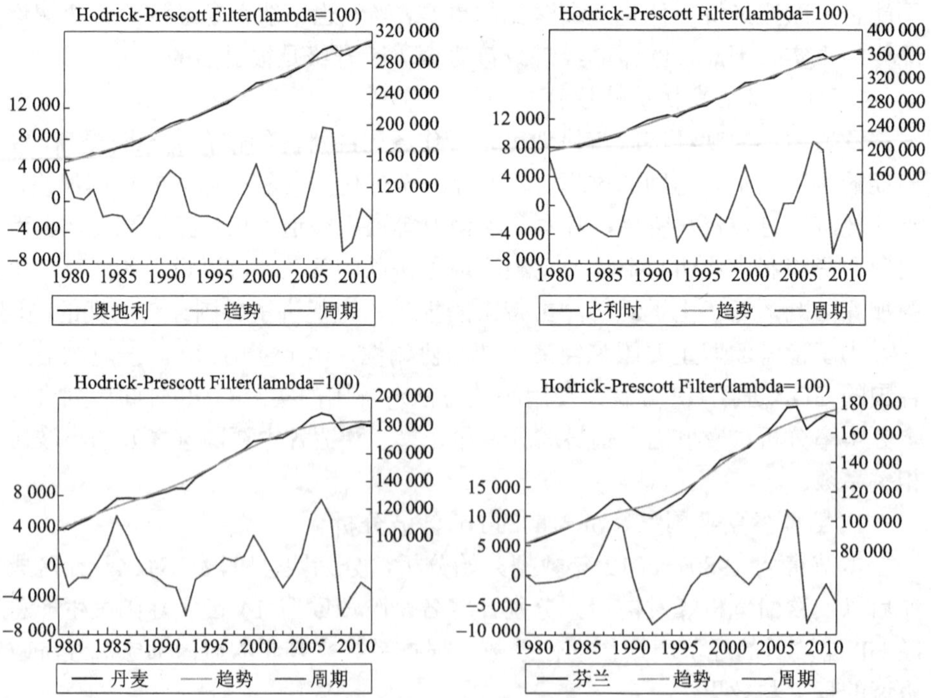

图 4–6 欧盟主要 14 个国家的 HP 滤波图（一）

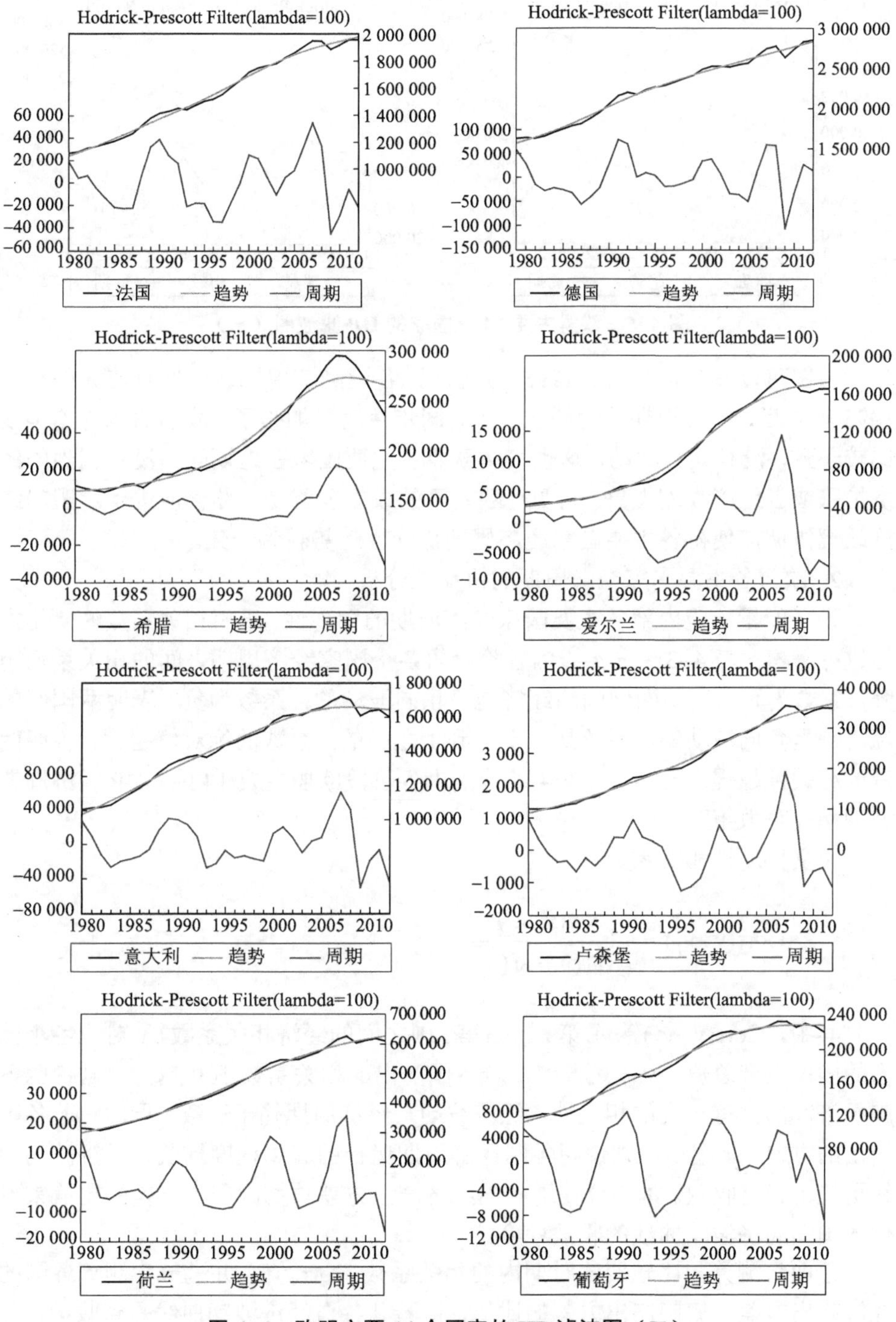

图 4–6　欧盟主要 14 个国家的 HP 滤波图（二）

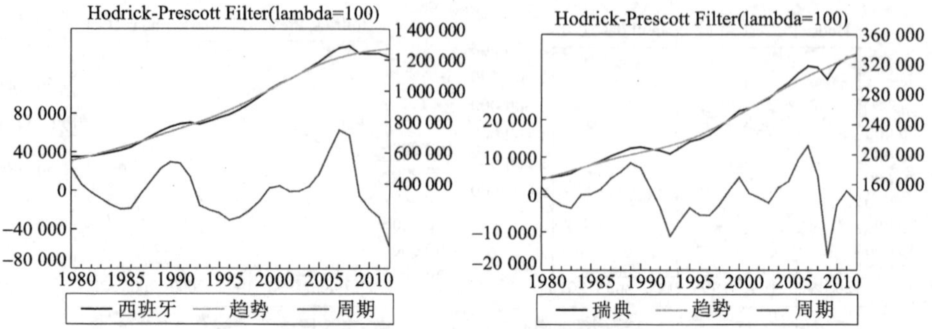

图 4–6　欧盟主要 14 个国家的 HP 滤波图（三）

由图可以看到，1980—1995 年之间，各国经济周期波动性有较大差异。1995 年之后，经济周期波动趋于一致，同步性明显加强了。波动曲线与趋势线比较一致，没有太大波动，这也表明欧盟各主要国家在这期间并没有剧烈的经济扩张或者经济收缩现象。可见，欧元区的成立及贸易一体化促进了欧盟间经济政策协调，使得各主要国家经济周期协动性趋势较为一致。

2. 欧盟各主要国家经济周期的协动性分析

为了度量欧盟内部各主要国家经济周期的同步性，采用相关系数的量化指标进行考察。表 4–3～表 4–6 为各阶段内各个国家经济周期之间的相关系数矩阵，系数为正，表明两国间的经济是呈正向波动的；系数为负，表明两国间的经济是呈负向波动的。系数是介于 0 到 1 之间的，系数的绝对值越大，说明两者的相关性越强。表 4–3～表 4–6 分别为各阶段欧盟主要 14 国 GDP 经济周期波动相关系数矩阵。

定义协动性相关系数：

$$\mathrm{Corr}(v_i, v_j) = \frac{\mathrm{cov}(v_i, v_j)}{\sqrt{\mathrm{var}(v_i)\mathrm{var}(v_j)}}$$

其中，$\mathrm{Corr}(v_i, v_j)$ 表示第 i 国与第 j 国之间的经济相关系数，v 对应各个国家的国内生产总值，var 是方差。若各国产出的相关系数 cov 越大，则说明各国经济产出具有一定的相关性，经济波动与经济周期趋于一致。同时，若各国产出的方差 var 越小，则说明各国经济周期运行的偏离程度越低，经济波动曲线更趋于稳定收敛。本部分使用各国经济产出方差与德国产出方差的比值来量化各国间经济波动曲线的收敛程度。

下面将测算和比较四段时期内的相关系数 Corr 值，并进一步测算各国的经济产出方差与德国产出方差的比值，检验其各自经济波动曲线是否收敛，并讨论各时期内的经济周期波动情况。

表 4–3～表 4–6 分别是 1980—1989 年、1990—1999 年、2000—2008 年、2009—2012 年四个阶段欧盟主要 14 国 GDP 经济周期波动相关系数矩阵。表 4–7 是各阶段欧盟主要 13 国产出方差与德国产出方差之比。

表 4–3　欧盟主要 14 国 GDP 经济周期协动性相关系数（1980—1989 年）

	奥地利	比利时	丹麦	芬兰	法国	德国	希腊	爱尔兰	意大利	卢森堡	荷兰	葡萄牙	西班牙	瑞典
奥地利	1.00	0.98	0.92	1.00	0.99	0.99	0.80	0.98	0.99	0.98	0.98	0.94	0.98	0.98
比利时		1.00	0.86	0.98	0.99	0.99	0.87	0.98	0.99	1.00	0.99	0.97	1.00	0.97
丹麦			1.00	0.93	0.89	0.91	0.65	0.88	0.92	0.89	0.90	0.77	0.87	0.95
芬兰				1.00	0.99	0.99	0.80	0.99	0.99	0.99	0.98	0.94	0.98	0.99
法国					1.00	0.99	0.82	0.99	0.99	0.99	0.98	0.97	0.99	0.98
德国						1.00	0.86	0.98	1.00	1.00	1.00	0.95	0.99	0.99
希腊							1.00	0.82	0.83	0.86	0.87	0.84	0.83	0.78
爱尔兰								1.00	0.99	0.98	0.97	0.95	0.98	0.97
意大利									1.00	0.99	0.99	0.95	0.99	0.99
卢森堡										1.00	0.99	0.97	0.99	0.98
荷兰											1.00	0.94	0.99	0.98
葡萄牙												1.00	0.98	0.91
西班牙													1.00	0.97
瑞典														1.00

由表 4–3 得到，在 1980—1989 年间，各国间经济协动性相关系数在 0.65 到 1.0 之间分布，且均为正，分布较为分散，其中尤以希腊、丹麦、比利时等国与其他国家间协动性较低。这表明尽管各国间经济周期是同步相关的，但部分国家协动性较弱。

表 4–4　欧盟主要 14 国 GDP 经济周期协动性相关系数（1990—1999 年）

	奥地利	比利时	丹麦	芬兰	法国	德国	希腊	爱尔兰	意大利	卢森堡	荷兰	葡萄牙	西班牙	瑞典
奥地利	1.00	0.99	0.99	0.85	0.99	0.98	0.98	0.98	0.99	0.99	1.00	0.98	0.93	0.98
比利时		1.00	0.99	0.89	0.99	0.96	0.99	0.99	0.99	0.98	1.00	0.98	0.96	0.99

续表

	奥地利	比利时	丹麦	芬兰	法国	德国	希腊	爱尔兰	意大利	卢森堡	荷兰	葡萄牙	西班牙	瑞典
丹麦			1.00	0.86	0.98	0.96	0.96	0.98	0.99	0.96	0.99	0.95	0.93	0.96
芬兰				1.00	0.90	0.74	0.91	0.92	0.87	0.82	0.89	0.91	0.97	0.91
法国					1.00	0.95	0.99	0.99	0.98	0.98	0.99	0.99	0.97	1.00
德国						1.00	0.94	0.93	0.97	0.97	0.96	0.94	0.86	0.94
希腊							1.00	0.99	0.97	0.97	0.99	1.00	0.97	1.00
爱尔兰								1.00	0.98	0.97	1.00	0.99	0.97	0.99
意大利									1.00	0.96	0.99	0.97	0.94	0.97
卢森堡										1.00	0.98	0.96	0.91	0.97
荷兰											1.00	0.98	0.95	0.99
葡萄牙												1.00	0.96	1.00
西班牙													1.00	0.97
瑞典														1.00

由表 4–4 得到，在 1990—1999 年间，各国间经济协动性相关系数在 0.89 到 1.0 之间分布，且均为正，分布较为集中，希腊、爱尔兰等国与其他国家间协动性趋于一致，达到 0.9 以上。这表明在这个时间段，各国间经济周期是同步正相关的，且相关性较强。

表 4–5　欧盟主要 14 国 GDP 经济周期协动性相关系数（2000—2008 年）

	奥地利	比利时	丹麦	芬兰	法国	德国	希腊	爱尔兰	意大利	卢森堡	荷兰	葡萄牙	西班牙	瑞典
奥地利	1.00	1.00	0.98	1.00	0.99	0.97	0.97	0.97	0.97	0.99	0.99	0.98	0.98	0.98
比利时		1.00	0.99	1.00	1.00	0.98	0.95	0.98	0.98	1.00	0.98	0.98	0.99	0.99
丹麦			1.00	0.99	0.99	0.96	0.94	0.98	0.99	0.99	0.97	0.96	0.98	0.99
芬兰				1.00	1.00	0.98	0.96	0.99	0.98	1.00	0.99	0.98	0.99	0.99
法国					1.00	0.99	0.94	0.99	0.99	1.00	0.97	0.98	1.00	1.00
德国						1.00	0.89	0.99	0.97	0.98	0.94	0.94	0.99	0.99
希腊							1.00	0.90	0.94	0.95	0.99	0.97	0.93	0.92
爱尔兰								1.00	0.99	0.99	0.95	0.96	1.00	0.99
意大利									1.00	0.99	0.96	0.98	0.98	0.99

续表

	奥地利	比利时	丹麦	芬兰	法国	德国	希腊	爱尔兰	意大利	卢森堡	荷兰	葡萄牙	西班牙	瑞典
卢森堡										1.00	0.98	0.98	0.99	1.00
荷兰											1.00	0.98	0.96	0.96
葡萄牙												1.00	0.97	0.96
西班牙													1.00	1.00
瑞典														1.00

由表 4–5 得到，在 2000—2008 年间，欧元区正式成立，在贸易一体化的进程中，各国间经贸往来加大，劳动力、资本等相互输出，各国间经济协动性相关系数均为正，且高度相关，分布集中，各国间协动性趋于一致。这表明在这个时间段，各国间经济周期是同步高度正相关的。

表 4–6　欧盟主要 14 国 GDP 经济周期协动性相关系数（2009—2012 年）

	比利时	奥地利	丹麦	芬兰	法国	德国	希腊	爱尔兰	意大利	卢森堡	荷兰	葡萄牙	西班牙	瑞典
比利时	1.00	0.96	0.99	0.99	0.99	0.99	–0.92	0.59	0.32	1.00	0.85	–0.28	–0.54	0.99
奥地利		1.00	0.93	0.93	0.98	0.98	–0.99	0.76	0.06	0.95	0.68	–0.54	–0.71	0.95
丹麦			1.00	1.00	0.98	0.97	–0.87	0.55	0.42	0.99	0.90	–0.18	–0.45	0.97
芬兰				1.00	0.98	0.97	–0.88	0.57	0.41	0.99	0.89	–0.20	–0.46	0.97
法国					1.00	1.00	–0.95	0.69	0.23	0.98	0.79	–0.38	–0.59	0.98
德国						1.00	–0.96	0.65	0.20	0.99	0.77	–0.40	–0.64	0.99
希腊							1.00	–0.75	0.08	–0.90	–0.57	0.64	0.81	–0.93
爱尔兰								1.00	–0.25	0.55	0.28	–0.74	–0.55	0.54
意大利									1.00	0.35	0.77	0.80	0.59	0.26
卢森堡										1.00	0.86	–0.25	–0.53	0.99
荷兰											1.00	0.25	–0.02	0.80
葡萄牙												1.00	0.86	–0.31
西班牙													1.00	–0.62
瑞典														1.00

由表 4–6 得到，在 2009—2012 年期间，随着欧债危机爆发和深化，各国经济低迷，经济周期协动性相关系数较低，且部分为负，出现负相关现象，分

布分散，其中希腊、爱尔兰、意大利、卢森堡、葡萄牙、西班牙均与他国出现经济周期负相关性。尽管欧盟计划多项救助磋商，但各国间协动性并不一致，只表现出一种融合程度和趋势。这表明在欧债危机期间各国间经济周期的同步性非常弱。

同时，为检验欧盟内部各国经济波动曲线是否趋于收敛，用各国经济产出方差与德国产出方差的比值来量化，若比值较小，则说明各国经济周期波动曲线趋于收敛；若比值较大，则说明各国经济周期波动曲线趋于发散。下面分别将 1980—1989 年、1990—1999 年、2000—2008 年、2009—2012 年四个时期内，各国经济产出方差与德国产出方差的比值计算出来（保留 3 位有效数字），见表 4–7。

表 4–7　　欧盟主要 13 国经济产出方差与德国产出方差之比

$var(y_i) / var(y^*)$	1980—1989 年	1990—1999 年	2000—2008 年	2009—2012 年
比利时	1.67	1.36	1.13	1.87
奥地利	1.92	1.87	1.15	1.46
丹麦	1.08	0.96	0.89	1.09
芬兰	1.04	0.95	0.92	1.02
法国	1.66	1.28	1.08	1.56
希腊	2.07	1.29	1.27	3.09
爱尔兰	1.86	1.25	1.19	2.28
意大利	1.75	1.26	1.23	2.76
卢森堡	1.44	1.13	1.09	1.24
荷兰	1.32	1.01	0.98	1.19
葡萄牙	1.88	1.29	1.18	2.57
西班牙	1.67	1.31	1.15	2.89
瑞典	0.98	1.01	0.94	1.25
均值	1.56	1.23	1.09	1.87

其中，y_i 表示欧盟主要 13 个国家的经济产出，y^* 表示德国的经济产出。

从表 4–7 可以看出，在 1980—1989 年期间，经济产出方差的比值在 1.5 附近波动；在 1990—1999 年，经济产出方差的比值稍微下降，但仍比较大；

在 2000—2008 年，经济产出方差的比值较小，在 1.0 附近上下波动；而在 2009—2012 年，经济产出方差的比值较大，有的国家比值甚至超过了 3。这说明各国经济周期的波动曲线在 2000—2008 年期间，比较趋于收敛；在 1990—1999 年，收敛程度略高；但在欧债危机爆发期间，发散程度较高，并存在不一致波动的现象。

二、欧债危机中欧盟内部宏观经济政策协调措施评价

受美国次贷危机影响，冰岛经济受到严重打击无力偿还外债，银行资不抵债被政府接管，由此引发的冰岛银行债务危机逐渐演变成政府主权债务危机。冰岛危机爆发后不久，希腊政府宣布其财政赤字率与公共债务负债率超出了安全警戒。到 2009 年底，美国标普、穆迪以及惠誉共同下调了希腊的主权信用评级，使得希腊爆发了严重的主权债务危机，以此也拉开了欧洲债务危机的序幕。希腊问题的恶化以及欧债危机的快速蔓延，使得葡萄牙、意大利、西班牙、爱尔兰等国也深陷债务危机当中。2011 年，欧债危机越演越烈，塞浦路斯、爱沙尼亚、匈牙利等国也深陷被降级的风潮中。12 月 6 日，标普将包括德国和法国在内的 18 个欧元区国家中的 15 个列入负面观察名单，欧债危机也呈现出东扩的趋势。随着欧洲一些银行的撤资，中东欧国家的经济危机也被引燃，银行危机与经济危机螺旋上升、交错升级，不仅使得全球股价应声下跌，也使亚洲等地区的经济受到不同程度的影响。

欧盟国家的宏观政策协调也可以看作是一种货币博弈。欧元区由于其固有的财政货币政策制度缺陷，在遭遇非对称性冲击的情况下，经济状况不容乐观，欧猪五国（PIGS，指葡萄牙、爱尔兰、意大利、希腊、西班牙五国）在 2012 年合计需要融资的资金为 6 504 亿欧元，从偿债压力来看，2 月份是第一个偿债高峰，欧猪五国偿债总额为 805 亿欧元；3 月份是第二个高峰，同时也是全年偿债数额的峰值，达 863 亿欧元。其他几个债务到期高峰分别出现在 4 月、7 月和 10 月。这些月份的到期债务分别为 776 亿欧元、629 亿欧元和 648 亿欧元。2012 年的几个偿债高峰月份是市场关注的焦点。其中，意大利 2 月到期的国债数额在整个 2012 年到期国债中最多，达 531 亿欧元；3 月和 4 月分别都是 453 亿欧元。这三个月到期国债总额达 1 437 亿欧元，占全年到期国债的 42.6%。西班牙 2012 年全年到期债务有 1 479 亿欧元，其中 4 月、7 月和 10 月的偿债负担最重，分别为 227 亿欧元、202 亿欧元和 283 亿欧元。

如图 4–7 所示，2012 年 2、3、4 月几个连续的偿债高峰给欧元区当局带来了巨大压力，而西班牙 10 月 283 亿欧元的到期国债则直接促成了欧洲央行制定直接货币交易计划（OMT）。

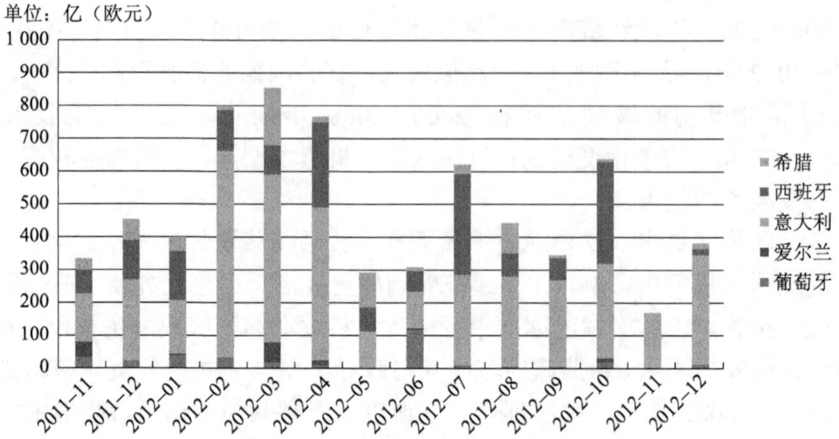

图 4-7　欧猪五国 2012 年债务到期分布图

数据来源：彭博数据库

在 2012 年二季度，由于希腊国内出现政治动荡，市场质疑希腊能否留在欧元区，这引发二季度欧洲重债国的国债收益率不断上行。截至 6 月 29 日，希腊 10 年期国债收益率达到 26.00%，较 3 月末上升 23%。

2012 年 7 月，西班牙银行业危机和地方债务危机形势急剧恶化（图 4-8）。7 月份，西班牙国内银行不良贷款由 6 月份的 1 683.7 亿欧元升至 1 693.3 亿欧元，约占贷款余额的 9.9%，创 50 年来新高。同时，西班牙地方债务危机全面爆发，加泰罗尼亚等四个自治区向西班牙政府申请流动性援助，资金总需求预计达 112 亿欧元。西班牙经济陷入多重困境，投资者信心丧失殆尽，十年期国债收益率一度攀升至 7.62%。作为欧元区第四大经济体，若西班牙融资成本达到难以承受的地步，将直接威胁到欧元的存亡。

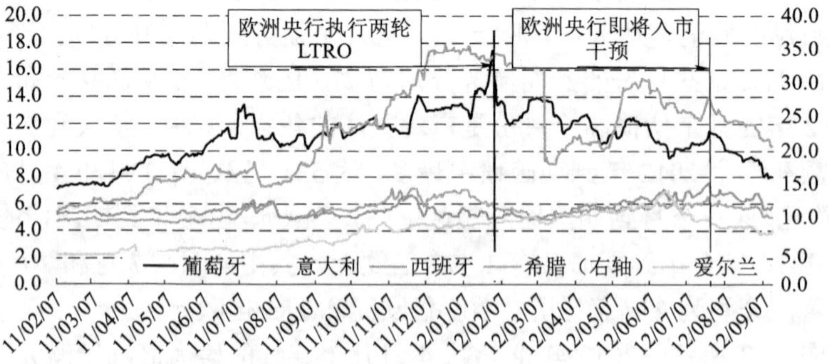

图 4-8　欧猪五国 10 年期国债收益率

数据来源：彭博数据库

投资者对欧元区能否持续的质疑提高了重债国的融资成本，扰乱了欧元区的改革步伐。为了维护欧元区的完整，欧洲央行两度入市干预，消除了银行业的流动性风险和欧元区崩溃风险溢价，暂时稳定了重债国的国债市场。

西班牙银行业存款在 4、5 月分别下降 1.9%和 0.5%，主要是缘于市场对西班牙银行重组和救助进程的不确定性的担忧。由于私人部门对希腊和西班牙银行缺乏信任，因此，资本大量外逃。货币当局必须为资本外逃提供资金，否则希腊和西班牙银行即将陷入破产的境地。TARGET 是泛欧实时全额自动清算系统的简称，它是欧元区各国央行之间的一个交易结算机制，为欧洲各国的央行提供实时清算服务。在欧债危机期间，TARGER2 余额变动为正，可以近似代表私人资本流入；TARGET 余额为负，则近似代表私人资本流出。账户余额显示，欧元区顺差国的央行扮演了融资者的角色，它们悄然借出大量资金。其中，德意志联邦银行是最大的资金提供者，也是存款外逃的主要目的地。2012 年前 8 个月，债权国在 TARGET2 的余额中增加超过 6 698 亿欧元的资产，而重债五国则增加了超过 6 830 亿欧元的负债（见图 4–9）。

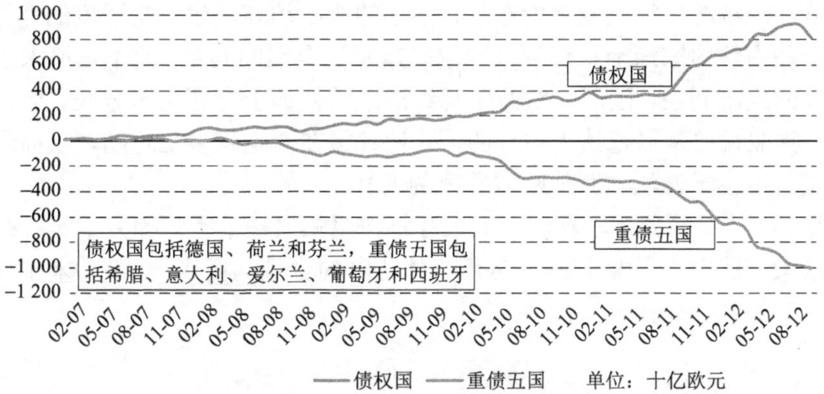

图 4–9　TARGET2 余额变化

数据来源：Euro Bank, National Central Bank

在欧债危机的不同阶段，欧元区的资本流出表现出了不同的特征：2010 年 4 月至 2011 年 6 月是第一阶段，希腊、爱尔兰、葡萄牙等国爆发债务危机，资本从边缘国家大量流向德法等核心国；2011 年 7 月至 2012 年 6 月是第二阶段，意大利、西班牙爆发债务问题。在这个阶段中，一方面，市场对欧元信心动摇，一部分资本流出；另一方面，欧元区的海外资产开始回流。二者相抵后，仍然有一小部分净资本流出，欧元出现小幅贬值。从 2012 年 6 月开始，由于欧债危机久拖不决，西班牙经济形势急剧恶化，市场开始对欧元掀起新一轮质疑的高潮。根据图 4–9，债权国在 6 月和 7 月间的资本流入减少，而债务国的资本流出却仍然在增加，这意味着资本不再是在欧元区内部流动，而是大量流出欧元区。与此同时，欧元贬值幅度明显加大，在 7 月内对美元贬值幅度接近 3%（图 4–10）。欧债危机已经从国债市场蔓延至外汇市场。

图 4–10　欧元兑美元汇率

数据来源：欧洲中央银行数据库

在欧元区内，以法德为轴心的欧洲一体化及其领导地位凸显。但是近年来，由于欧洲经济的失衡及欧盟的东扩，德法的核心领导产生一定程度的“稀释”，欧洲一些中等国家渐渐意识到大国越来越强调自己的利益，而不是追求欧盟整个主体的经济利益，因而在欧盟宏观经济政策协调上存在一些分歧。但是总体而言，欧盟目前是以德法为主导的，其他各国在一定程度上追随，欧洲最终的前景也将产生于德法与其他欧盟国家的博弈。

根据 4.3 节的分析，欧洲中央银行将按照帕累托效率均衡方案实行统一的货币政策，图中 D 为实行欧洲货币一体化时的合作均衡点，NN 为未实行货币一体化时的纳什均衡点（图 4–11）。

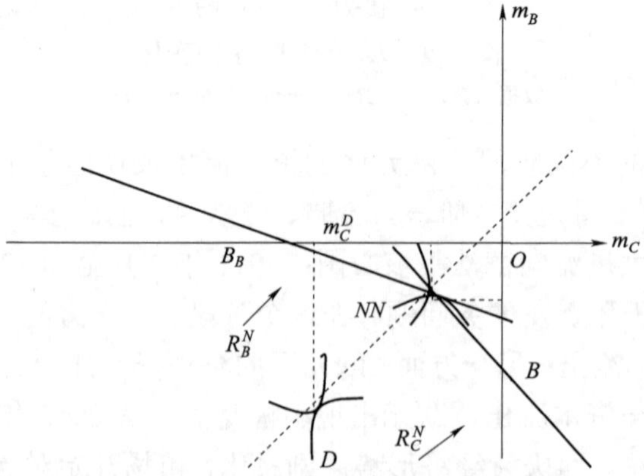

图 4–11　欧洲货币一体化中的合作均衡

（面对来自欧元区内部不同的货币政策冲击的情况）

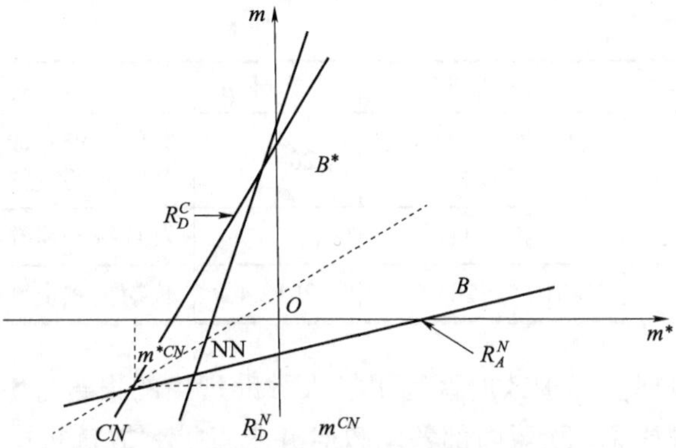

图 4–12　欧洲货币一体化面临的挑战
（面对来自欧元区内部不同的货币政策冲击的情况）

在这种情况下，希腊等欧猪五国违反了稳定增长公约的标准，欧洲中央银行难以按照“央行—政府”的模式来规范各成员国政府的财政政策。成员国政府为了解决各自不同的失业问题，可能会采取相互冲突、互不协调的财政政策。在非合作的博弈下，主动债务违约导致财政状况恶化，通胀率、失业率都有所上升。在存在对称型的世界生产率冲击时，在非对称型外部性情形（$\phi-\theta<0$，见 4.3 节）中，就出现了货币区联盟失灵问题，即欧债危机的爆发与蔓延（图 4–12）。

相比之下，欧元区各国也都相继采取了一些措施，以抑制欧债危机的深化和蔓延。法德意等多国领导人及央行行长也就危机问题展开了多轮磋商谈判，希望通过共同采取政策措施以应对欧债危机。2011 年欧猪五国领导人频繁更替，政府承诺改革多项金融措施，以保障顺利度过经济危机。欧洲稳定机制 ESM（European Stability Mechanism）去杠杆化，寄希望于调高放贷能力，通过临时欧洲金融稳定基金（European Financial Stability Facility，EFSF）与其他非欧盟机构合作，共同出资发行欧洲债券，以达到去杠杆化的目的，扩大放贷规模。但救助措施也面临一些技术瓶颈、自身信用及法律问题，欧洲政府迅速成立欧洲金融稳定基金 EFSF，以取代临时的 EFSF 工具，欧元区各国分别向 ESM 注资总共达到 800 亿欧元，并在 2012 年 7 月开始实行永久性的 ESM 救助机制。

表 4–8　　欧盟内部救援经济措施

实施救助政策组织	宣布日期	实施日期	主要内容
EFSF	2011.12、2012.3	2012.7	去杠杆化，上调放贷规模为 4 400 亿欧
ESM	2012.3	2012.7	注资 ESM，使 ESM 为永久性救援机制，最大贷款规模为 7 000 亿欧元

续表

实施救助政策组织	宣布日期	实施日期	主要内容
IMF	2011.11、2011.12、2012.4	2012.4	首轮注资完成后，可提供 7 000 亿欧元的贷款
欧洲债券	2011.11		发行统一债券方案
ECB	2010.5、2012.2	2012.4	长期再融资操作

尽管欧盟内部向各国政府撰写了扩大救助规模的报告方案，但仍遭到德国不同程度的反对意见，欧盟内部各国政府并未就扩大放贷规模一事达成一致的意见。国际货币基金组织（International Monetary Fund，IMF）也在研究解决欧债危机的办法，如扩大贷款规模，增加 SDR 的发售等。欧洲央行（European Central Bank，ECB）也开展了较为激进的救市方案，通过实施再融资操作和购买债券，向市场融入资金。尽管各机构采取不同的方式救市，但始终是一种欧洲版的量化宽松政策，增加了欧元区的货币流量，使得对通货膨胀深恶痛绝的德国人强烈反对。

从救助措施的效果来看，向金融市场的注资短期内从不同程度改善了金融市场资金流动的紧张情况。自注资以来，欧洲实行量化宽松政策。2010 年至 2012 年，欧洲金融市场资金紧张局面得以缓解，并于 2013 年达到顶峰（图 4–13）。在实行再融资 LTROs 后，国债长期收益率也有所下降，效果显而易见。

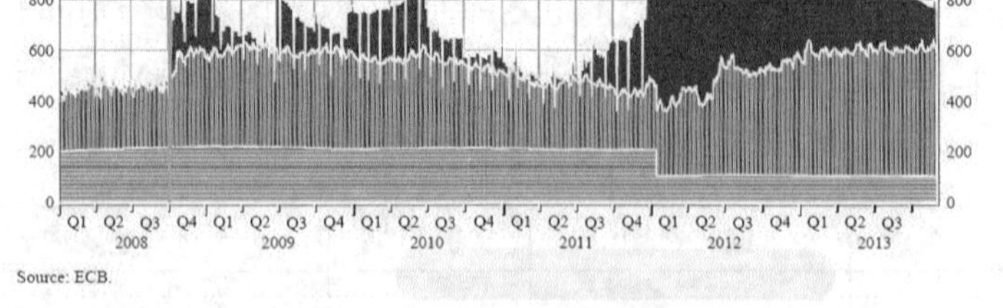

图 4–13　2008 年至 2013 年欧洲金融市场流动性状况

数据来源：欧洲中央银行数据库

但是也要注意到，从长期来看，货币政策对欧债危机及欧洲经济发展的作用还是有限的。EFSF、IMF 及欧洲债券的注资并不能满足整个金融市场复苏的资金需求，而这个资金缺口单由 ECB 补充也是很难做到的，货币政策在此也显示出其局限性。而短期的救助方案都是一次性输血性质，并未从实质上长期改变危机中各国的财政状况，也未能从根本上改革欧债危机所暴露的制度性风险。

三、结论

本节第一部分通过劳动力价格、资本价格趋同检验、经济周期协动性检验，分析了欧盟近几十年来内部宏观经济政策协调的效果，结果表明，欧元区的成立及贸易、汇率等政策的协调加深了欧盟内部经济的一体化，政策协调效果显著。由 HP 滤波分析区分了趋势成分与周期成分，结果表明在 1980—1989 年期间，各主要国家经济周期协动性较弱；1990—1999 年期间，各主要国家经济周期协动性较为趋同；2000—2008 年期间，各主要国家经济周期协动性高度趋同，且经济波动高度收敛；但 2009—2012 年期间，各主要国家经济周期协动性相对较弱，甚至出现了负相关。这说明宏观经济政策协调程度越高，经济周期协动性就越大，欧元区成立前后的对比也反映出这点。欧债危机前后，由于各国在经济运行和经济目标上的分歧，导致经济协调出现障碍，尽管出台了一些短期的救助方案，但也未能改变欧盟经济体内部所暴露的长期性制度风险，从而使得协调效果并不明显，经济趋同性较弱。

根据 1980—1989 年、1990—1999 年、2000—2008 年的趋势图可以看出，在欧元区成立前，宏观经济政策协调的程度较低；在欧元区成立之后，宏观经济政策协调的程度较高。这说明货币政策的协调有助于各国经济周期保持一致趋势，但从 2009—2012 年欧债危机爆发期间，各国经济周期显示出不一致的特点，一方面说明欧元区经济政策协调程度不高，另一方面说明欧元区经济政策协调仍暴露出一定的问题。由于在欧元区只有统一的欧洲央行而没有统一的财政部，这种与生俱来的分散型财政政策是导致欧元区特有的政策二元性矛盾的根源，这也致使欧元区货币、财政政策高度不协调，使得欧元区内货币政策协调没有达到最佳的效果。欧元区运行体制设计上的先天性缺陷是爆发欧债危机的根本原因，所以，加强欧元区内的财政政策协调也是促进欧盟内部宏观经济政策协调的重要内容之一。

第 5 章　后金融危机时代国际货币政策协调的现状与发展趋势

国际经济政策协调已有几十年的历史，借鉴欧元区在货币政策协调方面取得的成功经验，本章首先介绍后金融危机时代国际宏观经济政策协调的现状，并着重介绍货币政策的协调发展，并将第四章建立的多国博弈理论模型应用于目前的分析。此外，本章还将根据第四章的结论，检验各国经济周期趋于协同，就后金融危机时代各主要经济体货币政策协调的现状效果进行评价，得出今后的发展趋势与中国参与国际货币政策协调的建议。

5.1　后金融危机时代国际货币政策协调的现状与多国博弈模型分析

在美国次贷危机、欧债危机后期，为重振美国疲软经济，刺激经济增长和就业，2010 年末开始，美联储出台了四轮量化宽松政策，奥巴马政府推出“量化宽松”，先后向市场注入 6 000 亿、4 800 亿美元政府长期国债，并保持零利率政策，使利率维持在 0～0.25%之间。伯南克在 2013 年 6 月 19 日确认，一旦就业市场出现好转的明确信号，美联储将考虑退出量化宽松政策。美国此次政策协调给世界经济带来了一定程度的影响，使国际油价及大宗商品价格产生了波动。

与此同时，IMF 也就各国的主要经济问题组织了首脑磋商。IMF 执行官员 Dominique Strauss-Kahn 在 2009 年 2 月的峰会上指出，世界经济已经陷入衰退，一些国家及地区的社会混乱、军事冲突一触即发，除非世界各国领导人同意出台经济上的刺激方案，否则世界经济将持续低迷。至 2010 年 IMF 已援助墨西哥、冰岛、立陶宛等国家多达 470 亿美元，但 IMF 的力量毕竟有限，单方面的协助无法改变危机所带来的根本性问题，更多的经济政策合作必须在发达国家与发展中国家中共同进行。

G20 作为主要的国际宏观货币政策协调组织，在后危机时代，也越发引起许多国家的共同关注，这种关注也逐渐使得 G20 成为有能力扮演世界经济协调掌舵者的角色。G20 从 20 世纪 70 年代的 G5、G7 到冷战后期的 G8，逐渐发展成包括北美、欧洲、日本以及新兴发展中国家在内的组织。通过努力协调，积极开展援助刺激方案，探讨协调的退出机制，其协调机制得以不断完善。

G20 从 2008 年起每两年举行一次峰会，商讨国际形势与经济政策协调，并定期制定《G20 公报》。2008 年 11 月的 G20 峰会讨论了国际金融危机及形势，在全球金融监管与金融改革上达成一致意见，签订了旨在应对金融危机的《华盛顿声明》。2009 年 4 月 G20 在伦敦召开峰会，就国际贸易保护等政策进行探讨，并达成共识。2009 年 9 月 G20 在美国匹兹堡召开第三次峰会，20 国领导人对金融危机复苏方式策略的商定引起世界关注，依据《华盛顿声明》各国共同协调应对金融危机，改革金融市场，并一致致力于开放的经济共同体。2010 年 6 月第四次 G20 峰会在东道国加拿大多伦多召开，以“复苏和开端”为主题，就世界当前的可持续发展、欧债危机、金融部门改革、国际贸易发展等热门问题进行探讨，各国领导人均强调共同采取下一步行动，以应对存在的经济问题，抑制低迷的世界经济，并签署了《多伦多峰会宣言》。2010 年 11 月在韩国首尔召开的 G20 第五次峰会，围绕汇率、全球金融安全网、国际金融机构改革和发展等问题开展协商，但各国仍对汇率、货币竞争等问题引发的美国量化宽松政策存在分歧，并未达成一致见解。2011 年 G20 在法国戛纳召开第六次峰会，各国领导人共同商议应对风险挑战，推动世界发展大计，也达成了许多成果。2012 年 6 月 G20 在墨西哥召开了第七次峰会，其中金砖五国共同向 IMF 注资，并签署了《二十国集团洛斯卡沃斯峰会领导人宣言》，各国承诺将共同采取必要措施，维护地区的金融稳定，加强可持续的经济增长发展模式。2013 年 9 月 G20 在俄罗斯圣彼得堡召开了第七次峰会，会上就世界经济形势的一些新问题进行了广泛的探讨，其中俄罗斯提出希望深化 SDR 改革并使之成为完全的世界储备货币，改革以美元为主导的世界货币体系，并将此建议提至会议议程，但最终遭遇一些质疑之声。

5.1.1 后金融危机时代国际货币政策协调的多国博弈模型分析

2008 年底开始爆发的金融危机与国际货币、国际资本流动以及货币区内固有的经济体制问题是分不开的。金融危机的冲击也使得世界经济协调成为一个有关货币政策博弈的问题，多国的政策究竟应如何协调，才能缓解本国的通货紧缩和克服金融危机的消极影响？

在面临金融危机的冲击时，政策博弈的结局也有多种可能，至于最终可能实现哪一种，取决于多边的协调方式与协调程度。以下分析将表明，政策缺乏协调时的纳什均衡固然不是帕累托最优，使用帕累托效率均衡承诺来协调多国政策才是最好的选择。

当欧美发达国家与发展中国家缺乏政策协调的有效均衡与合作时，双方政策博弈的结果将导致非合作型的纳什均衡。

图 5–1 显示的是纳什均衡（受金融危机冲击的情况）的图。其中 B 点为危机国家的极乐点，在 B 点处，本国（即危机国）保持自身的货币供应量不变，即 m=0，而他国减少自身的货币供应量 m^*，直到自身国家货币升值，抵消了因危机冲击给本国带来的通货紧缩的影响。B^*点为他国的极乐点，即 m^*等于 0，即本国的货币供应量 m 增加，直到它对外国实际升值的作用足以抵消因危机冲击给他国可能带来的经济影响。

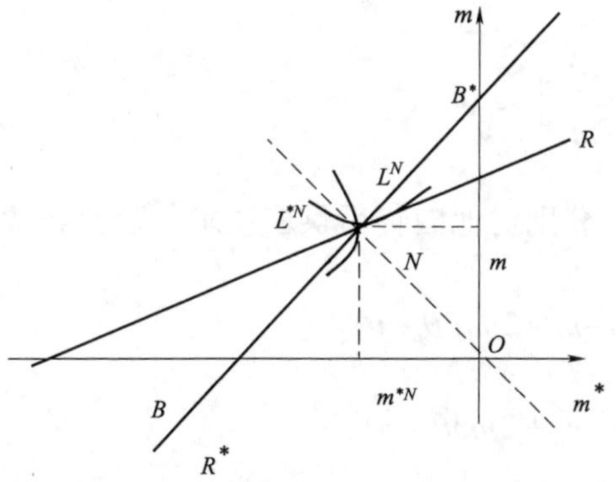

图 5–1　纳什均衡（受经济危机冲击的情况）

在纳什均衡点 N，危机国反应函数 R 与他国反应函数 R^*相交。分别对双方的损失函数 m 及 m^*求解一阶偏导数，可得：

$$\frac{\partial L}{\partial m}=(1+\sigma)m-2nm^*\theta-u \tag{5.1}$$

$$\frac{\partial L^*}{\partial m^*}=(1+\sigma)m^*-2nm\theta+u \tag{5.2}$$

令上述两个一阶偏导数等于 0，可得其各自的纳什反应函数：

危机国 R　$$m=\frac{2\theta}{1+\sigma}m^*+\frac{1}{1+\sigma}u \tag{5.3}$$

他国 R^*　$$m^*=\frac{2\theta}{1+\sigma}m-\frac{1}{1+\sigma}u \tag{5.4}$$

图 5–1 中，各国的反应函数汇集交叉于斜率为负一的线上，并通过原点。

当纳什均衡时，各国采取符号相反、数量相同的货币供应量。令 m 均相等，代入上式反应函数方程中的任意一个之中，可得纳什均衡时各方的货币供应量，并可进一步得出纳什均衡的损失函数：

$$m^N = -m^{*N} = u\bar{\mu}^N = \frac{u}{1+2n\theta+\sigma} > 0 \tag{5.5}$$

$$L^N = L^{*N} = u^2\bar{l}^N = u^2\left(\frac{1}{2}\right)\sigma\left(\frac{1+\sigma}{1+2n\theta+\sigma}\right) \tag{5.6}$$

在纳什均衡点 N，各国的损失函数椭圆的斜率分别等于无穷大与零，各方损失函数的椭圆分别相切于垂直方向和水平方向的直线。在 N 点，用数学等式来表示，则有：

$$\left[\frac{\partial L}{\partial m}\right]_N = \left[\frac{\partial L^*}{\partial m^*}\right]_N = 0 \tag{5.7}$$

如果把各国损失分别对他国货币供应量求一阶偏导数，可得：

$$\frac{\partial L}{\partial m^*} = 2n\theta(-m+2nm^*\theta+u) \tag{5.8}$$

$$\frac{\partial L^*}{\partial m} = 2n\theta(-m^*+2nm\theta-u) \tag{5.9}$$

如果将上式代入到纳什均衡时的货币供应量式中，可以解出：

$$\left[\frac{\partial L^*}{\partial m}\right]_N = -\left[\frac{\partial L^*}{\partial m^*}\right]_N = \frac{-u\sigma 2n\theta}{1+2n\theta+\sigma} < 0 \tag{5.10}$$

这个式子说明，从纳什均衡 N 点开始，若增加危机国的货币供应量，刺激需求，则他国损失会扩大，即表明，在 N 点左上侧必然存在一个能使双方绩效都得到改善的区域。然而，各个国家间仍未有有效的货币政策协调和良好的制度安排，各司其政，最终导致了非合作的纳什均衡产生，也没有可以改善的更好的结果。因而，双方需加强货币政策的协调，以达到最优的博弈结果。

而当存在对称效率均衡时，图 5–2 给出了合作的效率均衡示意图。

将各国的损失函数于椭圆的所有切点汇集成一条轨迹，即是合同曲线 BEB^*，在 BEB^*曲线上，它的每一个点都能达到合作的效率均衡，E 点是合作的对称效率的均衡点。

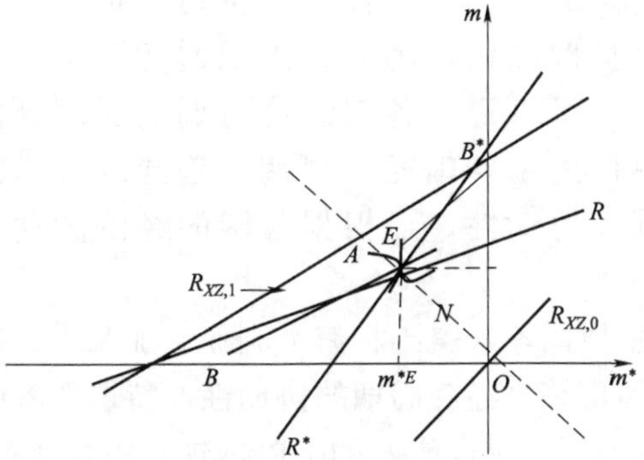

图 5–2　合作的效率均衡（受金融危机冲击的情况）

求解各方货币供应量方程，可以求出在合作的对称效率均衡下，各国之间最优的货币供应量与各自的经济损失：

$$m^E = -m^{*E} - u\overline{\mu}^E = uc_4\overline{\mu}^N \tag{5.11}$$

$$L^E = L^{*E}u^2\overline{l}^E = u^2c_5\overline{l}^N \tag{5.12}$$

c_4、c_5 分别表示为，

$$c_4 = \frac{(1+2n\theta)(1+2n\theta+\sigma)}{(1+2n\theta)^2+\sigma} > 1$$

$$c_5 = \frac{(1+2n\theta+\sigma)^2}{(1+2n\theta+\sigma)^2+4\theta^2\sigma} < 1$$

将对称效率和纳什均衡进行比较，主要区别是：

对称效率均衡时，危机国货币供应量的增加量更多，他国货币供应量的增加量减少得更多。而且，实施合作的对称效率均衡时，各国的经济损失达到最低化，也最小化了损失的加权平均和。

由此可见，当存在金融危机时，合作的对称效率均衡的政策协调方式可以实现帕累托最优，是一种克服危机的最佳政策组合。这种方案为金融危机国家克服危机冲击，促进经济复苏指明了前进的方向。可是，这种协调需要欧美发达国家与发展中国家之间的政策密切合作与高度协调，而各个国家往往因为各自的经济目标与利益的冲突，影响经济协调的效果。

5.1.2　后金融危机时代国际货币政策协调的 HP 滤波检验

可以将国际货币政策协调看成是一个各国经济间相互依存程度逐渐提

高的过程和经济周期的协动性不断趋同的过程。随着经济全球化与贸易一体化进程的加快，各国的经济通过投资、贸易、资本劳动输出、产业结构等溢出渠道，相互扩散深化，因而会出现通货膨胀、长期利率等宏观经济现象协同的情况。可以说，各国经济协调的加深既降低了由于经济冲击带来的损失，也促进了各国经济周期的趋同。各国间相互协调的加深会促进各国间的周期协动性，可根据各国的经济波动性来判断各国间的经济周期同步性。

为了检验世界主要国家（美国、澳大利亚、加拿大、中国、日本、韩国、南非、俄罗斯、墨西哥等）经济周期的协调性，特选取各国 1980—2012 年的实际 GDP 数据。本节采用上文提及的 HP 滤波方法对世界各主要国家的 GDP 进行 HP 分解，使用小波方法对各国的实际 GDP 时间序列进行多分辨率分析，最小化趋势成分，并计算包括中国在内的各主要国家（美国、澳大利亚、加拿大、德国、法国、英国、意大利、中国、日本、韩国、南非、俄罗斯、墨西哥、阿根廷）之间的小波协调相关系数。图 5-3 为世界主要经济体实际 GDP 的 HP 滤波（1980—2012 年）。

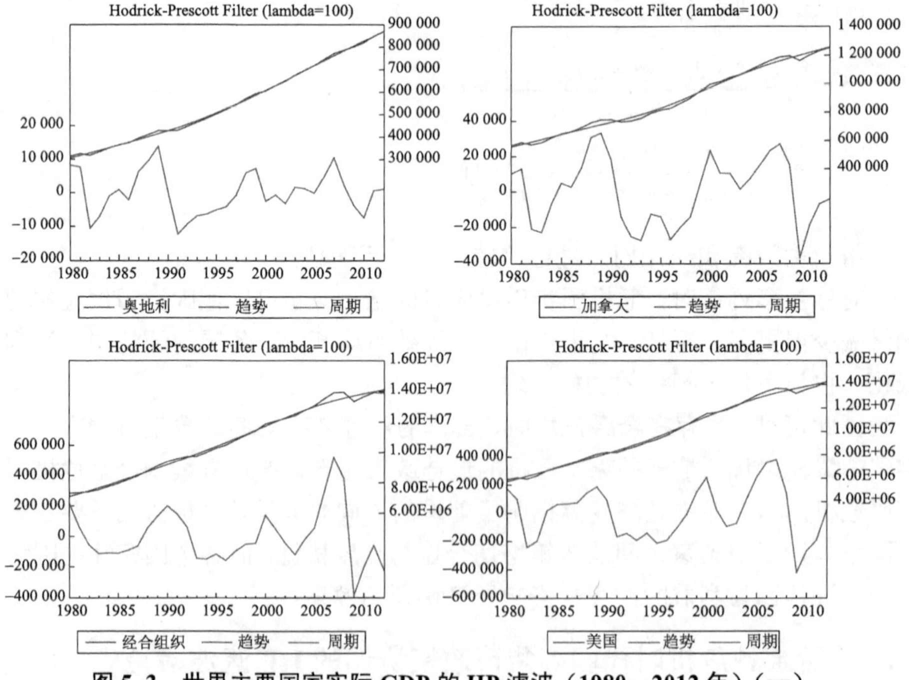

图 5-3 世界主要国家实际 GDP 的 HP 滤波（1980—2012 年）（一）

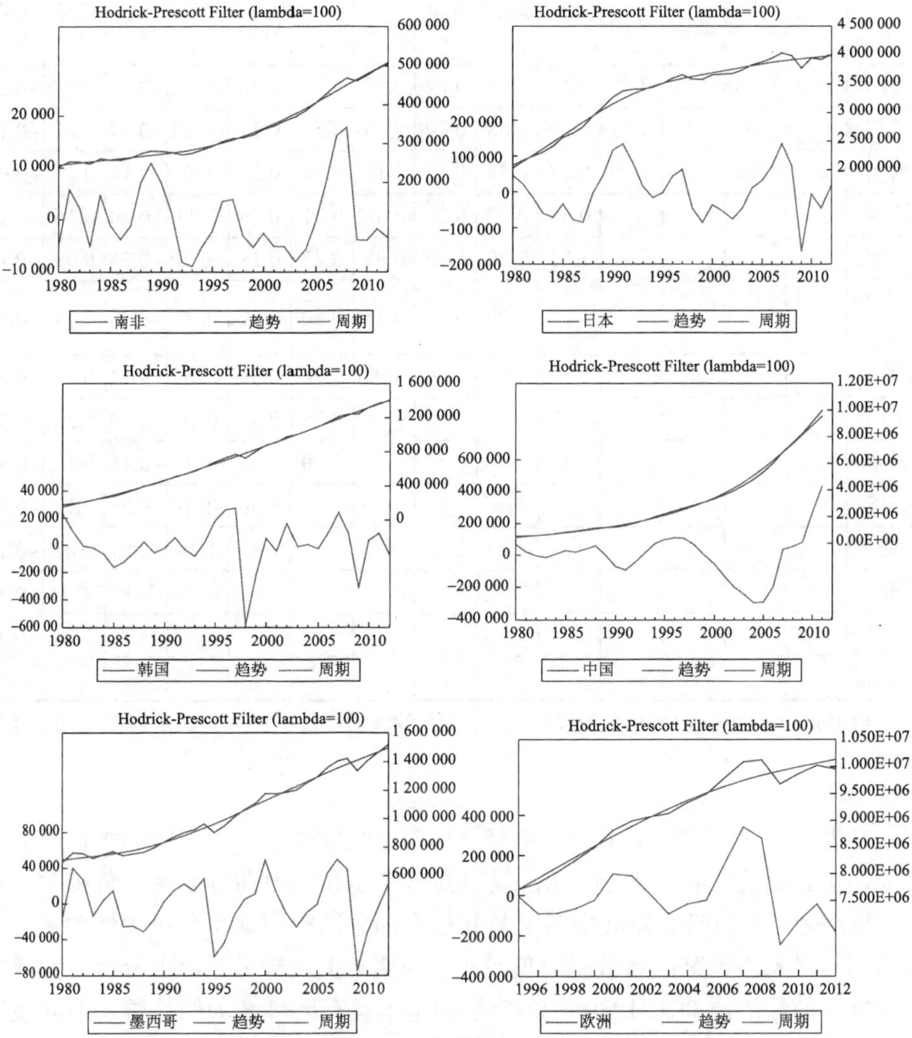

图 5-3　世界主要国家实际 GDP 的 HP 滤波（1980—2012 年）（二）

从图 5-3 看到，1980—1990 年期间，各国的经济周期波动并不一致，澳大利亚、加拿大、美国的经济周期波动较为同步，韩国、中国、日本的经济周期波动较为一致，墨西哥、南非经济周期波动则与其他国家不同。2000—2010 年间，除中国、韩国、墨西哥外，其他经济体的经济周期协动性较为同步。对周期性波动序列分别求得相关系数矩阵，得到表 5-1。

表 5–1　　世界主要经济体 GDP 经济周期协动性相关系数

	美国	英国	德国	法国	意大利	澳大利亚	加拿大	中国	日本	韩国	墨西哥	南非	俄罗斯	阿根廷
美国	1.00	0.76	0.64	0.52	0.47	0.66	0.62	0.27	0.54	0.46	–0.18	–0.28	–0.02	–0.29
英国		1.00	0.56	0.53	0.48	0.58	0.29	–0.16	0.36	0.15	–0.08	–0.54	0.21	–0.15
德国			1.00	0.40	0.28	0.57	0.57	0.15	0.42	0.39	–0.09	–0.18	0.25	–0.07
法国				1.00	0.38	0.47	0.28	–0.07	0.31	0.19	0.09	–0.20	0.16	–0.17
意大利					1.00	0.20	0.15	0.09	0.23	0.18	–0.19	–0.38	0.09	–0.18
澳大利亚						1.00	0.26	0.15	0.20	0.19	–0.17	–0.40	0.14	–0.19
加拿大							1.00	–0.05	0.18	0.09	–0.57	–0.14	0.11	–0.23
中国								1.00	0.25	0.35	0.18	–0.14	0.35	–0.04
日本									1.00	0.35	–0.17	–0.10	0.19	–0.26
韩国										1.00	–0.16	–0.25	0.13	–0.29
墨西哥											1.00	–0.01	0.02	–0.10
南非												1.00	–0.16	–0.11
俄罗斯													1.00	–0.32
阿根廷														1.00

数据来源：OECD 统计数据整理，应用 HP 滤波对实际产出求得经济周期协动性系数矩阵

从表 5–1 可以看出，世界主要经济体国家的协动性相关系数有的介于 0～1 之间，呈正相关；有的则小于 0，说明其国家间经济周期协动性呈负相关。其中，墨西哥、阿根廷等发展中国家与其他大部分国家周期呈负相关性关系。发达国家与发展中国家的系数绝对值较小，说明相关度较低。综上分析，世界主要经济体的经济周期在 1980—2012 年间基本具有同步波动的性质，但同步性较弱。在后金融危机时代，世界主要经济体之间的宏观经济政策协调度并不高，因而有必要加强合作，共同采取下一步措施以缓解危机带来的影响。

5.2　后金融危机时代国际货币政策协调的发展趋势

5.2.1　后金融危机时代国际货币政策协调需解决的问题

众所周知，一国微观经济政策的目标是实现资源的最优配置，其宏观经济

政策的目标是实现经济增长、充分就业、物价稳定、国际收支平衡。对于国际经济政策协调来说，其目标是实现共同福利的最大化，与世界贸易组织的宗旨是一致的。世界贸易组织多哈回合谈判使国际协调深入到一国的内部，各国的贸易政策、汇率政策、财政政策、货币政策都要进行协调。在美国量化宽松政策及欧债危机后期，应对经济形势持谨慎乐观的态度，国际宏观经济政策协调能否顺利实现，还取决于以下几个问题的解决情况：

（一）政府政策的可信度

关于信誉对经济的影响，大多是在与一国货币政策制定的动态不一致的分析中体现（斯考兰—普兰斯考特模型）。政府讲究信誉可以使私人部门的预期成为理性，在经济政策协调的过程当中，保证信誉对于确保经济政策协调的成功是非常关键的。在此，协调包含两个方面的含义：一是国际组织的信誉；二是各国政府的信誉。国际组织的信誉是指维护国际体制运行的目标和效果。对于世贸组织、G20 等，从议题的确定、具体规则的制定到监督执行，以及争端解决机制的有效性都体现了国际组织、联盟的信誉。各国政府的信誉是指在执行国际协议时，需要认真执行，不能随意违背、歪曲规则等。

发达国家为了短期的利益，拒不执行相关的协议，使发展中国家产生了抵触情绪，在启动新一轮谈判的过程中，采取了消极态度，不利于多边贸易体制的正常运转。如在哥本哈根的碳排放会议上，美国拒绝签字，采取拖延的态度，不利于多边政策合作和世界经济的发展，而且使得国际组织及政府的信誉度大大降低，对其他国家的吸引力下降，国际经济运行体制就需要调整和改革。尤其是美国实行的量化宽松政策，使其将国内的通货膨胀转移至国外，为了本国经济利益的需要和追逐高就业率、增长率的目标，将国内的短期矛盾输出到世界其他国家，不但影响了全球大宗交易商品的价格，也使得各国的股市等金融市场受到波动，经济也受到不同程度的被动影响。美国的量化宽松（QE）政策可以说是国际宏观经济政策协调的负面行为，其政府政策的信誉度也将受到质疑，使国际政策协调效果大打折扣。

（二）政策目标看法上的不相容

对于缺乏有效货币政策协调的原因，其中之一便是，即使在既定的潜在收益下，各个国家从各自利益出发对于不同的经济目标有不同的兴趣，因而导致低效率的协调。因为对于目标相似的国家（如共同体国家），虽然在经济政策实施方面没有不同的看法，但在共同的经济体框架下实施经济政策，仍会在一些问题上持有不同意见，比如对于宏观把握降低通胀和保持充分就业这两个目标之间的平衡问题上。这样的冲突存在于实施货币政策协调的国家之间，国家间利益和成本的分配也同样决定着具体的货币政策措施，这些多样的分配选择目标也存在于共同的货币政策行动中。不同的国家对于短期、中期或长期经济目标的不同选择也会影响到货币政策的有效协调。

不同国家之间如果在目标上存在冲突，就会影响到货币政策协调带来的潜在收益。假设世界上存在两个相似的国家，两国的工资刚性且政府非常贪婪，每一个国家都想拥有世界上 3/4 的财富（黄金），如果每一个国家独立地选择自己的政策目标，不断提高利率从而吸引世界上的资金和黄金，那么它们就达成了一个相互制衡的状态，即两国拥有相等的黄金数量，但却具有相当高的失业率。目前，它们有两种选择来解决这个矛盾，一个是两国进行货币政策的协调，即利率的协调，但并不表示出它们的实际目标，这就是很多经济学家们所想的政策优化性协调；或者，它们互相坦白自己的政策目标并进行调整。但是，如果它们相互坦白目标却不想进行调整，又会发生政策目标上的冲突。实际上，这一简单的例子与各国所追求的经常项目顺差以及多种目标组合没有什么不同，目标上的冲突必然是国际政策协调所面临的极大的阻碍。

（三）对经济运行看法的不一致

在对经济运行的看法上，容易存在阻碍国际货币政策协调的因素有：（1）对初始经济形势的不确定，（2）对经济目标的不确定，（3）货币政策协调模型具有不确定的预期性。因为货币政策协调一般分为三个步骤：第一步，每个国家需要决定什么样的政策改变，而且需要询问对方国家；第二步，两个或多个国家需要协商利益的分配；第三步，货币政策协调的生效执行，包括明晰国家的任务和违约时的惩罚。通常的文献都认为，冲突一般出现在后两步，但如果问题出现在第一步，那么出现的阻碍可能更严重。因为为改变一个国家的利益而更改政策并不是一件容易的事，如果一个国家制定的政策依据邻国不完全的溢出效应的话，那么货币政策协调带来的结果可能是福利的减少。

即使国家间存在可兼容的经济目标和相似的经济环境，它们也可能在对现在及未来的经济运行形势上看法不同，或者认为货币政策对于经济运行的更改和影响的过程不同。简言之，它们对于经济结构和形势存在不同意见，因此认为最后的结果存在不同的政策反应和意义。这个因素也是造成 1977 年美国和联邦德国低效协调问题的原因，当时德国政府认为本国政府给定的货币政策刺激会引起物价水平剧烈波动，相对本国就业和产出来说影响较小，而如果美国政府采取同样的举措，并不能引起相同的效果。

最好的实例就是 Frankel 和 Rockett（1988）用十个多国的模型，来描述美国与欧洲之间关于经济运行的不同观点，假设任一方根据本国的福利函数进行政策决策，相互间不存在信息交流，如果存在潜在收益，则进行货币政策协调。最后，他们运用季度数据分析了多个模型，发现能获得收益的协调国家或地区非常少，因为各国在做货币政策决策时，互相没有信息交流，不能了解国家间的经济形势，因而使得收益大打折扣。

（四）经济政治主权的约束

如果说经济政策是货币政策协调的主要阻碍，那么政治因素是基本的影响因素。其他政策相对来说较好协调，因为各国的独立性比较大。实际上，很多国家不愿进行经济政策协调。不同的政治主张，对于采取哪些政策，不同的国家有不同的看法。各个国家从自身利益出发，小国容易受到大国政策的影响，从而加剧国际协调的困难程度。同时，小国需要忍受大国政策对本国经济的冲击，而且还不能采取相应的报复政策。在政治制度配合上，一直是小国跟随大国，因而在政策协调上，需要更有力地争取本国的收益。

人们普遍认为，在多国间进行完全自由的货币政策协调是相当困难的，要把政治因素作为限制条件考虑进去。国家自治的想法广泛流传，并与国家主权概念相混淆。后者强调的是正式地执行本国货币政策的能力，而不是成为他国的政策工具。与此相反，前者是本国通过单方行为达到其经济目标。正如在一个高度依存的经济环境下，货币政策协调可以在不损害本国主权的情况下，有助于有效地实现经济目标。这样的货币政策协调经常是合理明智运用主权的代表行为。

随着各国经济联系的日益密切，国家间的摩擦和冲突也随之增加。在现代经济一体化体系中，尽管各国宏观货币政策必须加强协调配合，但这又将使得各个国家之间的经济主权存在转换让渡的现象，存在着对立与统一的问题。大家都普遍认为，一旦将经济主权让渡转换，必然会使得一个国家丧失自身的经济主权，从而使国家的经济利益蒙受损失，也更易被经济大国或国际经济组织牵制。当然，经济主权的让渡也是有限度的（但是却非常难以规范这个范围），这也使得各个国家在国际货币政策协调上表现出的态度强硬，这往往也需要国家间一系列艰难的谈判权衡和协商让步。同时，世界各个国家为保障良好的国际货币政策协调机制，充分发挥协调作用，设立和形成了各种货币政策协调的形式和机构，以确保能协调好经济主权与货币政策之间的矛盾关系，如 WTO、IMF 等。

5.2.2　后金融危机时代国际货币政策协调的发展趋势分析

当今世界经济中，国际货币政策协调已处于基本完善的阶段，金融深化改革也有了一定程度的突破性进展，尽管政策协调存在一些政治经济上的问题，但宏观货币政策协调一体化进程模式的调整也将是未来货币协调的重大问题。

各国政府的宏观货币政策协调是深化与扩大不断交替的过程，一方面，每一次深化都将增强世界经济体的整体经济实力和政治影响，每一次扩大和协调又为进一步的深化提供了动力；另一方面，深化必然要求各经济体的经济发展状况趋于协同，这又必然对国际货币体系等提出制度挑战。

当前，世界经济正在迅速向全球化迈进，与此相呼应，金融全球化步伐也明显加快，各国的金融开放同样也是大势所趋、不可逆转的。中国、印度等作为新兴发展中国家，金融开放正在进行之中，理应顺应潮流，加强与发达国家的国际政策对话，金融全球化也需要更多发展中国家参与其中，改革目前的货币、贸易和经济形势。

次贷危机、欧债危机之后，国际社会普遍呼吁尽快建立一个公平公正合理的货币政策协调合作机制，更好地发挥 IMF 的作用，以此来全面推动世界经济的平稳增长趋势。但是，各国对于所要建立的经济目标、经济模式却存在着完全不同的意见。一方面，由于众多冲突存在于发达国家与新兴经济体之间，新兴国家更关心发达国家在受到资本项目的国际投资冲击与国外汇率大幅度波动时发挥的作用，认为其应该更多地维护国际货币体系，发挥更多的作用。与此同时，发达国家如美国、欧盟、日本等，由于都在抢占国际货币体系的长期垄断地位，也有极大的分歧，导致协调松散。美国实行的政策目的是希望市场能充分发挥其自由化的作用，但是欧盟与日本却希望在世界主要三大货币体系的美元、欧元和日元间积极加强货币政策的合作与协调。美国政府、欧盟在后金融危机时代推行的量化宽松政策，不顾其他国家经济利益，输出本国通货膨胀，也给全球经济带来一定影响。我们预见，国际货币政策协调在未来的几十年中仍存在许多障碍和挑战，难度也比较大。

尽管存在一些问题，但 APEC 峰会、东盟领导人对话、G20 峰会、达沃斯论坛等协调机制的定期召开，也使得各国领导人可以相互阐述与讨论各自面临的问题，国际宏观货币政策协调有一定的可行基础。

随着世界经济全球一体化的发展和融合，中国作为一个发展中的新兴大国，在对外开放政策实施几十年来，也必然会遇到更多更大的国际形势竞争，如资本项目的放开、国外汇率波动的影响等。尽管面临着众多机遇，但也不乏各种挑战，因而，中国仍要加强对他国及国际经济形势的关注与探究，把握机遇，找准方向，不错失经济政策调整时期，不断提高自身经济实力与综合国力，改善中国在国际货币体系中的作用与地位，加强中国在世界经济舞台上的话语权。

第6章　中国参与后金融危机时代货币政策协调的构想

经济全球化给各国经济发展既带来了机遇，又带来了严峻的挑战。尤其对于发展中国家来说，如果把握不好，挑战将大于机遇。金融危机的爆发就充分暴露了现行国际经济秩序的不适应性与不合理性。由于各经济体的相互依存度越来也高，经济溢出效应加大，经济联系更为紧密。加强国际金融监管，强调各国之间经济政策协调，已成为发达国家与发展中国家共同面临的课题。

6.1　中国应积极参与国际货币政策协调

（一）中国的开放及面临的冲击

随着经济全球化趋势的增强，中国作为发展中国家的大国，需要更积极地投入到全球化的洪流中，抓住机遇，勇于迎接挑战。随着改革开放的深入，中国需要与国际制度接轨，在制度、规范上与世界主流融合。但是，中国毕竟是发展中国家，经济实力与发达国家相比还是有很大的差距，使得中国与其他国家在贸易往来中，会出现一些利益冲突，处于两难境地，这就需要根据我国的经济状况，权衡利弊得失，然后再进行决策。

1. 贸易政策协调中所受的冲击

在中国加入WTO继而经济全球化的背景下，各国推行贸易自由，我国作为一个大国，其国际竞争力还有待提高。欧洲国家等仍对中国实行一定程度上的贸易壁垒，以保护当地的市场份额，这对我国一些产业造成一定的冲击。当然，我们也不能等闲视之，应该在贸易协调政策中，充分利用已签订的协定条款保护我国的经济，在国际政策协调中争取主动。

2. 对货币政策独立性的冲击

货币政策独立性是指一个国家的央行在制定本国的货币政策时，只需充分考虑本国的各种经济指标，而不用考虑其他国家的影响。但是随着开放程度的增加，一国的货币政策制定权就会不可避免地受到影响，其独立性会减弱。这一点可以利用克鲁格曼提出的“三元悖论”来解释。许多国内外学者都认为，中国货币政策的独立性是其他亚洲金融危机国家所不具备的，其原因在于我国没有开放“资本账户”，没有实行人民币的完全可自由兑换。可事实并非如此，目前国际资本流动的数量与速度异常惊人，即使我国没有开放资本项目下的自由兑换，但要控制资本的流动也是很难的，货币政策的独立性就会受到影响。而且货币政策独立性也会受到其他国家的冲击，他国的货币政策会通过收入机制、利率机制传递到国内，这也牵制了本国货币政策的制订，在一定程度上，使我国处于被动的地位。这就要求我国要进行国际货币政策的协调，主动地去参与，而不是被动地去应战。

3. 汇率制度选择的冲击

一国汇率的高低可以体现一国货币的强弱，通过影响一国的进口与出口，对经济产生很大的影响。如果我们生活在一个封闭的经济社会，完全可以通过财政政策与货币政策的搭配来实现内部平衡。事实上，我们正在面临着国际资本流动的冲击，这些外部冲击无疑加大了我国控制宏观经济政策稳定的难度，也加大了对汇率制度选择的难度。目前，中国是一个发展中国家，又正处于向市场经济转轨的过程中，国内面临艰巨的改革与发展任务，在这种情况下，经济的稳定是很重要的。所以汇率也要与国际上其他国家进行协调，使用弹性的汇率制度是比较有利的选择。

（二）中国与世界其他国家的相互依存度

图 6–1 显示了我国 2003 年至 2012 年进出口总额，可以看出，进出口总额

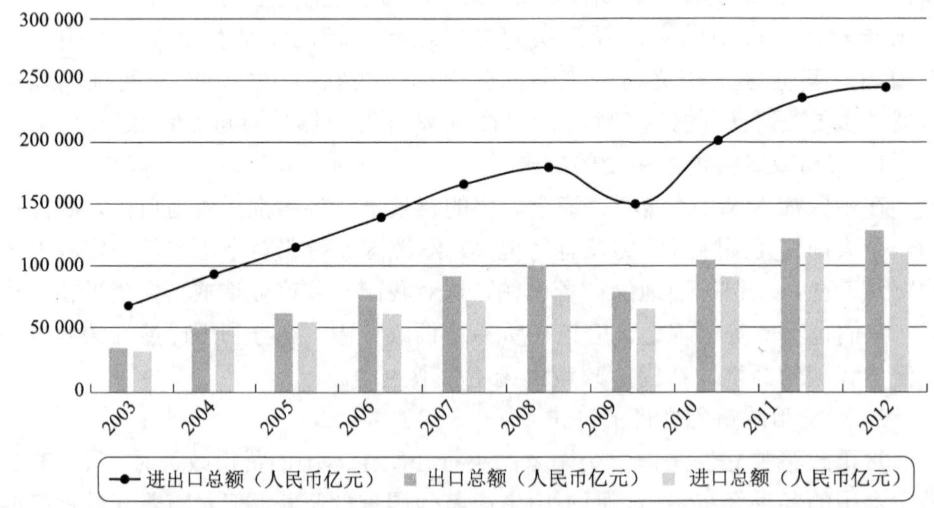

图 6–1　中国对外进出口总额（人民币亿元）

与进口额、出口额每年均保持上升趋势，其中对美国、欧洲、日本的对外贸易额及贸易比重也逐年上升，我国与世界其他国家的相互依存度持续增加。

随着开放程度的加大，面临的各种冲击也越来越多。为了能够抵御冲击，化解冲击，一方面要增强自身的实力，另一方面要积极进行国际货币政策的协调，在国际经济规则中处于主动的地位。

6.2　后金融危机时代中国参与国际货币政策协调的战略选择

中国与世界上其他国家进行货币政策协调并非从今天开始。中国参与国际经济政策协调可以分为两个层次：一是与单个国家进行货币政策协调，如与美国、日本、欧盟等国家和地区进行货币政策的协调；二是参与区域政策的协调，如亚太经合组织、东盟自由贸易区，同时积极推进“一带一路”与自贸区战略，构建开放新格局，通过不断完善自身的贸易、汇率等制度，加快融入到世界宏观经济政策协调中来。

（一）在多边贸易体系内的经济政策协调

成新轩（2003）指出，以往多边贸易谈判制定的规则都有利于发达国家，原因一方面是发展中国家的经济实力较弱，在谈判中没有足够的要价条件，总是一味地希望发达国家给予援助，所以，发展中国家总是处于被动地位；另一方面是发展中国家没有团结起来，没有一种积极的态度与发达国家争取平等的地位。当然，发展中国家缺乏对国际贸易规则熟悉的专业人才，也是很重要的一个原因。明确了发展中国家在国际经济政策协调中被动的原因，就可以采用相关的措施解决这些问题。

中国是发展中大国，理应在发展中国家中承担起更多的责任和义务，这也是关系到我国切身利益的问题。在国际经济形势复杂深刻变化的情况下，首先，我们应该把发展中国家团结起来，明确发展中国家所具有的比较优势，比如劳动力密集型产品、原材料产品以及发展中国家所具有的市场优势。我们应该主动影响，而不是被动地抱怨。其次，我们必须让发展中国家充分认识到，国际经济规则一旦制定，就很难改变，其实施的经济效果也将对发展中国家有深远的影响。所以，必须充分重视国际货币规则的制定。因此，要争取在国际经济规则的制定中取得更多的话语权，获得更多的经济权益。

（二）区域内的经济政策协调

随着经济全球化趋势的加强，区域经济组织也获得了长足的发展。随着区域内的各经济体经济关系更加紧密，相互的开放度可以更高一些，成员之间可以相互降低贸易壁垒，减少投资的障碍。并且，随着经济融合度的提高，成员之间可以实现资本的自由流动。这些措施在一个区域内比较容易实现，而且风险较低，也能够促进各成员的经济发展。更重要的是，可以通过在区域内逐渐实现经济一体化，相当于在一个小的区域内为某种政策协调提供一个试错的机会，为更多参与全球经济一体化创造条件。由于亚太经合组织主要采用单边行动为主、集体行动为辅的原则，所以，成员之间的经济政策协调也是一种约束力较差的协调。政策协调的范围主要包括贸易、投资等领域，没有非常明确的分阶段降低关税等措施。中国应力争更多地与区域内的成员进行经济合作，敦促非制度化组织逐渐向制度化的方向发展。

中国与东盟进行经济合作的领域主要有以下几个方面：进行特惠关税贸易，推动商品的自由流动；加强在工业领域的合作；建立东盟金融公司，相互进行资金融通，彼此提供开放型的贷款；成立中国—东盟自由贸易区，实现商品的自由流动，推动彼此经济的合作和发展。协调一致，共同对外。

6.3 中国在国际货币政策协调中的可行性安排

随着世界经济相互依存关系不断加深，逐渐增强的经济依存使得国际宏观经济政策的协调变得日益紧迫和重要。对于发展中国家来说，如果把握不好，挑战将大于机遇。加强国际金融监管，强调各国之间经济政策协调，已成为发达国家与发展中国家共同面临的课题。在这样的大背景下，如何处理好中国与世界的关系，积极探讨全球化与中国经济增长的互动性，已成为一个迫切的问题。

（一）中国在亚太经合组织中的战略地位

随着经济全球化的发展，区域一体化也在不断加强。在众多的区域一体化中，亚太经合组织成员最多，地域范围和跨度最大，社会文化背景和经济发展水平的差异最明显。中国作为亚太经合组织中的一员，在组织中起到很大的作用。目前，中国仍然是亚洲地区的一个重要市场，上海、广东、天津、福建自贸区的设立，更是推动了双边以及多边的外贸交易，中国将提供给世界一个更加开放的市场，中国也将在世界中占有更重要的地位，将会对亚洲经济的区域合作带来很大的推动作用。近年来，亚洲进行了许多磋商和合作，中国在区域组织参与货币政策协调方面的能力会增强。所以在未来几十年内，亚太组织各成员之间的经济政策需要一定的协调，货币政策协调也将对经济有很大的推动作用。同时，加强人民币与其他经济体货币的合作、互换，也是一种区域内的货币政策协调。

（二）中国参与国际货币政策协调的对策

1. 中国参与国际货币政策协调的目标

中国参与国际经济政策协调，应在维护共同利益的前提下，争取最大的利益。因为我国是一个发展中的大国，经济发达程度低于发达国家，在这种背景下，我们必须立足维护本国利益，否则我国的经济会受损，将会出现伺服效应。在货币政策协调中也要考虑到其他国家的利益，因为经济政策协调不可能是单赢的政策，那样就没有了协调的基础，所以必须在维护共同利益的前提下，争取我国最大的利益。我国为了快速发展，必须积极加入到这个规则中，在削减关税的同时，力争采用一些方式使自己获得最大利益。这样既符合世界经济的潮流，也有利于我国的经济发展。

2. 我国参与国际宏观经济政策协调的原则

就中国已有的国际经济政策协调而言，中国在加入国际组织、参与国际货币协调方面有着良好的记录。据不完全统计，20 世纪 80 年代，中国从国际的各专门机构中，获得近 16 亿美元的农业、交通等贷款，取得了良好的效果。未来，中国在参与国际宏观货币政策协调中，应遵守的原则就是平等、协商。从欧美协调的实践中，我们可以看出，经济利益、政治目标追求是协调成功的基础，但协调成功的根本原因是在协调过程中一直奉行的平等协商原则。这时的参与国无论大小都在协议中充分体现了自己的利益，小国也没有因为自己小而受歧视，相反却可以通过集体协议方案，获得国际货币协调中的发言权，促使国际宏观货币政策协调的对称化，分享共同的利益。因此，我国在国际货币政策协调中，必须坚持协商、平等的地位。只有坚持这一点，才能真正维护本国的利益。

（三）中国参与国际货币政策协调的态度

随着经济全球化趋势的加强，中国要发展就必须参与国际经济政策的协调，同时又要维护本国的主权利益。在这种两难的选择中，我们将以何种姿态参与到国际制度中是值得我们思考的一个问题。就我国而言，既不能以轻易让度主权为代价，又要承担自己相应的责任。参与者的角色是指正视国际制度的责任与义务，分享应得的成果。我国是发展中的大国，代表着大部分发展中国家的利益，所以，我们应该在协调中据理力争，在国际货币制度中获得发言权。

（四）与新兴经济体、发达国家间应加强货币协调合作

加强世界各经济体间的货币协调合作，尤其是新兴市场与发达国家间的对话和与合作，在多边的共同货币政策协调推动下，使世界经济朝更好的方向发展。

总之，研究后金融危机时代中货币政策协调制度的发展，目的就是为了给我国经济发展以借鉴和指导，更好地融入到国际经济潮流中，为未来的宏观货币政策协调提供一些启示，使我们能够充分把握现实和未来。

参 考 文 献

[1] Alexander, Italianer and Drazen, Allan. Why are stabilizations delayed. American Economic Review, 1999, 81(5): 1170-1188.

[2] Alesina, Christopher and Drazen, David. Fiscal policy in EMU. National Institute of Economic Review, 1996, 158.

[3] Artis, Michael J. and Winkler, Bernhard. The stability pact: safeguarding the credibility of the European Central Bank. CEPR Discussion Papers, No. 1688, 1997.

[4] Barro, Robert J. and Gordon, David B. Rules, discretion and reputation in a model of monetary policy. Journal of Monetary Economics, 1983, 12(1): 101-121.

[5] Barry Eichengreen. International policy coordination in historical perspective: a view from the interwar years, international economic policy coordination. Cambridge University Press, 1985.

[6] Barry Eichengreen. International policy coordination: the long view. NBER working paper, 17665, 2011.

[7] Beetsma, Roel M. and Uglig, A. Lans. Monetary union without fiscal coordination may discipline policymakers. Journal of International Economics, 1998, 45(2): 239-258.

[8] Beetsma, Roel M. and Uhlig, Harald. An analysis of the stability pact. CEPR Discussion Papers, No. 1669, 1997.

[9] Boughton, James M. Policy assignment strategies with somewhat flexible exchange rates. IMF Working Paper, No. 88/40, 1988.

[10] Canzoneri, Matthew B. and Gray, Jo Anna. Two essays on monetary policy in an interdependent world. International Finance Discussion Papers, 1983, 219.

[11] Canzoneri, Matthew and JoAnna Gray. Monetary policy games and the consequences of non-cooperative behavior. International Economic Review, 1985: 547-564.

[12] Cooper, Richard N. Macroeconomic policy adjustment in interdependent economies. The Quarterly Journal of Economics, 1969, 83(1): 1-24.
[13] Cooper, Richard N. When international policy coordination matters: an empirical analysis. Applied Economics, 1986, 20: 1137-1154.
[14] Corsetti, Giancarlo and Paolo Pesenti. Welfare and macroeconomic interdependence. Quarterly Journal of Economics, 2001, 116(2): 421-446.
[15] Cumby, David and Behzad, Matthew. Does international macroeconomic policy coordination pay and is it sustainable: a two-country analysis. Oxford Economic Papers, 2002, 39(1): 38-74.
[16] David Currie, Simon Wern-lewis. An appraisal of alternative blueprints for international policy coordination. European Economic Review, 1989.
[17] Dixit, Avinash and Lambertini, Luisa. Interactions of commitment and discretion in monetary and fiscal policies. American Economic Review, 2003, 93(5): 1522-1542.
[18] Dornbusch Rudiger. Fiscal aspects of monetary integration. The American Economics Review, 1997, 87(2): 221-223.
[19] Eichengreen, Barry. International policy coordination in historical perspective: a view from the interwar years. NBER Working Papers, No. 1440, 1985.
[20] J Feldatein, M Goldstein, P Masson. International coordination of economic policies: scope, methods, and effects. NBER Working Papers, No. 6223, 1988.
[21] Frankel, Jeffrey A. and Rockett, Katharine. International macroeconomic policy coordination when policy-makers disagree on the model. NBER Working Papers, No. 2059, 1988.
[22] Ganzoneri, Matthew B. and Gray, Jo Anna. Monetary policy games and the consequences of non-cooperative behavior. International Economic Review, 1985, 26(3): 547-564.
[23] Genberg, Hans and Swoboda, Alexander. The current account and the policy mix under flexible exchange rates. IMF Working Paper, No. 87/70, 1987.
[24] Hamada, Koichi. A strategic analysis of monetary interdependence. Journal of Political Economy, 1976, 84(4): 677-700.
[25] Hamada, Bert G. The U.S. economy and the international transmission mechanism: a structural comparison of twelve multicountry models. Center for Economic Policy Research, Stanford University, No. 78, 1979.
[26] Huxley, Spencer. International policy co—ordination: how much consensus

is there. Brookings Discussion Papers in International Economics, No. 50.

[27] Ingram. Frenkel, Morris Coldstain and Paul Masson. International coordination of economic policies: scope, methods, and effects. Working paper NO. 2670.

[28] Jeffrey Sachs. International policy coordation in a dynamic macroeconomic model. NBER working paper, 1166, 1983.

[29] Jeffrey A. Frankel, Katharine A. Rockett. International macroeconomic policy coordination when policy-makers disagree on the model. NBER working paper 2059, 1986.

[30] Jeffrey A. Frankel. Obstacles to international macroeconomic policy coordination. NBER working paper, 2505, 1988.

[31] Jeffrey Frankel. Obstacles to coordination, and a consideration of two proposals to overcome them. NBER working paper, 2849, 1989.

[32] John B. Taylor. International coordination in the design of macroeconomic policy rules. European Economic Review, 1985(28): 53-81.

[33] Johnson Horne, Paul R. Masson. Scope and limits of international economic cooperation and policy coordination. Staff Papers—International Monetary Fund, Vol. 35, No. 2 (Jun., 1982), 259-296.

[34] PB Kenen. Handbook of international economics. 1990. New York: North Holland Press.

[35] Lambertini, Rovelli. International transmission of stagflation under fixed and flexible exchange rates. Journal of Political Economy, 2003, 86(5): 877-895.

[36] Mckkbbin. The coordination of macroeconomic policies. University of Chicago Press, 1997.

[37] Mourmours, Su. (1995). Knowledge, power and international policy coordination. Columbia: University of South Carolina Press, 1995.

[38] Holtham, Gerald and Hughes Hallet, Andrew. International policy cooperation and model uncertainty. CEPR Discussion Papers, No. 190, 1987.

[39] Kehoe, Patrick J. International policy cooperation may be undesirable. Federal Reserve Bank of Minneapolis, Staff Report, 103, 1986.

[40] Klaus Weyerstrass, Koen Schoors and Bas van Aarle. Economic spillovers, structural reforms and policy coordination in the Euro Area: an overview. A Springer Company, 1991, pp. 1-22.

[41] Koichihamada, Benjamin and Leffler Keith B. The role of market forces in assuring contractual performance. Journal of Political Economy, 1980, 89(4):

615-641.
[42] Laursen Svend, Metzler Lloyd A. Flexible exchange rates and the theory of employment. The Review of Economics and Statistics, 1950, XXXII: 281-299.
[43] Levine, P., Brocine, P. Fiscal-policy coordination and EMU: a dynamic game approach. Journal of Economic Dynamics and Control, 1994, 18(3-4): 699-729.
[44] Masson, Paul R, Taylor, Mark P. Common currency areas and currency unions: an analysis of the issues. CEPR Discussion Paper, No. 617, 1992.
[45] Matthew B. Canzoneri, Robert E. Cumby, Behzad T. Diba. The need for international policy coordination: what's old, what's new, what's yet to come. NBER working paper, No. 8765.
[46] Mckinnon, Ronald I. An international standard for monetary stabilization. Washington: Institute for International Economics, 1984, 67-98.
[47] Miller, Iannis A. and Salmon. Central bank independence, policy reforms and the credibility of public debt stabilizations. European Journal of Political Economy, 1995, 11(1): 189-204.
[48] Mundell, Michael. "Macroeconomic interdependence and the exchange rate regime," Chapter 5 in Rudiger Dornbusch and Jacob Frenkel, eds., International economic policy. Baltimore: Johns Hopkins University Press, 1985.
[49] Obstfeld, and Rogoff, Jeffrey. Intertemporal policy coordination in dynamic macroeconomic models. NBER Working Paper, No. 1417, 2002.
[50] Oudiz, Gilles (1985). "European policy coordination: an evaluation". centre for economic policy research, London, England, NBER Working Paper No. 81.
[51] Oudiz, Gilles and Jeffery Sachs. Macroeconomic policy coordination among the industrial economies. Brookings Papers on Economic Activity, No. 1, 1-64, 1984.
[52] Paul Levine, David Currie. Does international macroeconomic policy coordination pay and is it sustainable? a two countries analysis. Oxford Economic Paper, 1987.
[53] Putnam, Robert D. and C. Randall Henning. The Bonn summit of 1978: how does international policy coordination actually work? Brookings Discussion Papers in International Economics, No. 53, 1986.
[54] Rogoff, Kenneth. Can international monetary cooperation be counter productive?. Journal of International Economics, 1985, 18(3-4): 199-217.
[55] Richard N. Cooper. Macroeconomic policy adjustment in interdependent economies. The Quarterly Journal of Economics, 1969, 83(1): 1-24.

[56] Richard N. Cooper. Economic interdependence and coordination of economic policies. Boston: Harvard University Press, 1969.
[57] Scitovsky, Harry Johnson. International macroeconomic policy coordination. NBER working paper, 2244.
[58] Stanley Fischer. Economic reform and the process of global integration. Brookings Papers on Economic Activity, 1987.
[59] Turner, Henry C. Institutional cooperation in the world economy. Auburn House Publishing, 1984.
[60] Williamson, John. The exchange rate system. Washington: Institute for International Economics, 1985.
[61] 白当伟. 全球化的新进展与货币政策国际协调. 国际金融研究, 2010 (5): 4-10.
[62] 卜永祥, 靳炎. 中国实际经济周期：一个基本解释和理论扩展. 世界经济, 2002(7): 3-11, 80.
[63] 曹凯, 陈信玲, 潘毓东. 欧元区政策二元性矛盾及协调措施探讨——基于《稳定与增长公约》的视角. 经济论坛, 2009(19): 63-66.
[64] 车维汉, 贾利军. 国际贸易冲击效应与中国宏观经济波动：1978—2005. 世界经济, 2008(4): 25-36.
[65] 陈弘, 哈维尔·比萨. 欧债危机暴露欧币机制弊端. 新财经, 2011(4): 100.
[66] 陈继勇, 吴宏, 刘威. 美国货币政策的国际传递效应及其对世界经济失衡的影响. 第四届中国经济学博士后论坛, 2009: 332-348.
[67] 陈昆亭, 龚六堂. 实际经济周期理论的最新发展. 经济学动态, 2007(4).
[68] 陈全功, 程蹊. 国际宏观经济政策协调与经济主权问题. 武汉科技大学学报, 2003, 5(2): 55-60.
[69] 陈晓进. 评析八国集团的作用与发展趋势. 国际问题研究, 2005(2).
[70] 陈雨露. 现代金融理论. 北京：中国金融出版社, 2000.
[71] 陈云. 国际宏观经济学的新方法：NOEM-DSGE 模型. 经济学家, 2010, 1(2): 38-45.
[72] 程惠芳. 对外直接投资与宏观经济的内外均衡发展. 经济研究, 1998, 2(9): 57-61, 69.
[73] 成新轩. 欧盟经济政策协调制度的变迁. 北京：中国财政经济出版社, 2003.
[74] 成守南, 潘瑞生. 货币政策有效性研究述评. 经济学家, 2004(2): 101-107.
[75] 丁纯, 王磊. 后金融危机时代的欧元区经济：困境、根源与前景. 西部论

丛, 2010(3): 22-24.
[76] 丁建臣. 欧债危机源于赤字弥补机制. 国际融资, 2010(10): 32-33.
[77] 范从来, 刘晓辉. 开放经济条件下货币政策分析框架的选择. 经济理论与经济管理, 2008(3): 5-1.
[78] 高晓燕. 国际经济政策协调的难题与对策. 生产力研究, 2008(3): 76-78.
[79] 韩丽娜, 李炜光. 国际经济政策协调理论、方案与当前制度安排. 贵州财经学院院报, 2003(6): 44-48.
[80] 胡庆康. 现代货币银行学教程. 上海: 复旦大学出版社, 2009.
[81] 黄金竹. 论国际经济政策协调. 财经科学, 2004(4): 81-84.
[82] 黄梅波. 宏观经济政策协调的进展和成效: 回顾和展望. 世界经济, 2004(3): 76-79.
[83] 黄梅波. 七国集团宏观经济政策协调的有效性分析. 国际经济评论, 2004(5).
[84] 黄梅波, 陈燕鸿. 当前金融危机下的国际宏观经济政策协调. 世界经济与政治论坛, 2009(2): 15-21.
[85] 黄梅波, 胡建梅. 国际宏观经济政策协调与G20机制化. 国际论坛, 2011(1): 52-56.
[86] 黄梅波, 胡建梅. 中国参与国际宏观经济政策协调的收益分析. 经济经纬, 2010(6): 41-45.
[87] 姜波克, 等. 开放经济下的政策搭配——开放经济下的宏观金融管理. 上海: 复旦大学出版社, 1999.
[88] 姜波克, 陆前进. 汇率理论与政策研究. 上海: 复旦大学出版社, 2000.
[89] 姜波克, 杨长江. 国际金融学. 北京: 高等教育出版社, 2004.
[90] 姜波克, 陆前进. 汇率理论与政策研究. 上海: 复旦大学出版社, 2000.
[91] 姜艳霞. 从欧洲债务危机看欧元区的制度困境. 当代经济管理, 2010(11): 71-73.
[92] 焦莉莉, 焦晓松. 欧元区财政与货币政策非对称性搭配的经济效应分析——搭便车问题的蒙代尔一弗莱明模型分析. 商业研究, 2005(19): 30-34.
[93] 栗书茵. 国际金融学. 北京: 机械工业出版社, 2006.
[94] 李小娟. 货币政策国际协调. 北京: 经济科学出版社, 2006.
[95] 李小娟. 开放经济下货币政策国际传导机制分析. 经济问题, 2009(8): 15-18.
[96] 李雪松. 博弈论与国际货币政策协调. 北京：中国金融出版社, 2000.
[97] 李海燕, 郭翠荣. 全球金融危机背景下的国际经济政策协调. 宏观经济,

2009(5): 41-45.
[98] 李增来. 总需求冲击下的国际货币政策协调研究. 财经问题研究, 2010(3): 126-129.
[99] 李莹.《马斯特里赫特条约》的四项趋同标准面临的困境——对欧元区成员国财政超标问题的思索及建议. 科教文汇, 2006(9): 152-153.
[100] 李媛媛. 欧元区货币政策传导的经济效应研究. 保定: 河北大学, 2010.
[101] 林峰. 新开放经济宏观经济学货币政策理论研究的新发展. 经济学动态, 2010(7): 141-145.
[102] 刘春晖, 蹇明. 国际货币政策协调的随机模型分析. 数量经济技术经济研究, 2004(11): 5-13.
[103] 刘积余. 国际金融政策协调与世界经济的可持续发展. 国际金融研究, 2000(4): 17-21.
[104] 刘金全. 宏观经济冲击的作用机制与传导机制研究. 经济学动态, 2002(4): 15-19.
[105] 刘海龙, 金桩. 我国货币政策冲击对实际产出周期波动的非对称影响分析. 数量经济技术经济研究, 2006(10): 3-14.
[106] 刘其文. 经济政策的运用·经济政策卷. 郑州: 河南人民出版社, 2007.
[107] 刘跃斌. 欧盟扩大后的财政困难与改革. 德国研究, 2006(3): 17-19.
[108] 陆荣, 王曦. 应对国际金融危机的货币政策效果. 国际金融研究, 2010(7): 19-29.
[109] 罗伯特 • J • 凯伯. 国际经济学. 原毅军，等译. 北京: 机械工业出版社, 2005.
[110] 吕有志, 查君红. 冷战后七国集团的演变及其影响. 欧洲, 2002(6).
[111] 吕有志, 查君红. 八国集团峰会文档解读. 世界经济与政治, 2002(7).
[112] 吕有志, 查君红. G7/GS 角色转型与全球治理. 现代国际关系, 2001(12).
[113] 吕有志, 查君红. 八国集团: 正在形成的全球治理中心. 教学与研究, 2002(6).
[114] 吕有志, 林小芳. 八国集团与中国关系的战略思考. 河北师范大学学报(哲学社会科学版), 2006(11).
[115] 马君实, 沈尤佳. 各国经济周期的非同时性及其国际传递机制研究——美国次级债危机的全球联动对我国的启示. 经济问题探索, 2008(10): 161-166.
[116] 聂雪峰, 刘传哲. 我国货币政策通过国际贸易传递的实证分析. 财贸研究, 2004(5): 31-48.

[117] 宁昌会, 毛传阳. 国际宏观经济理论的微观基础. 经济学动态, 2002(8): 69-74.
[118] 彭芸. 金融危机背景下非常规性货币政策的实施与退出. 经济问题, 2010(12): 98-102.
[119] 秦月星. 金融自由化与国际政策协调. 上海金融, 2000(7): 41-43.
[120] 冉生欣, 王品玲. 论不对称总需求冲击下的货币政策博弈与汇率稳定. 经济研究, 2007(10): 68-81.
[121] 苏晨."欧洲货币基金"诞生, 希腊救援计划出炉: http://www.caijing.com.cn/2011-07-22/110783419.html.
[122] 宋玉华. 世界经济周期理论与实证研究. 北京: 商务印书馆, 2007.
[123] 索彦峰, 徐筱雯. 中美经济融合与战略经济对话. 国际问题研究, 2007(2).
[124] 涂仁标. 国际货币政策协调收益的研究现状及述评. 世界经济与政治论坛, 2010(4): 26-31.
[125] 吴军, 张弼. 金融危机中国际货币政策协调的有效性分析. 金融发展研究, 2010(5): 3-8.
[126] 项松林. 国际货币政策对中国贸易顺差影响研究. 财贸研究, 2010(5): 32-39.
[127] 谢识予. 经济博弈论. 上海: 复旦大学出版社, 2002.
[128] 辛清. 国际金融学. 天津: 天津人民出版社, 2008.
[129] 熊厚, 欧盟货币政策协调研究. 成都: 四川大学, 2007.
[130] 杨照东, 王劲松. 国际宏观经济政策协调理论研究综述. 经济学动态, 2004 (2).
[131] 杨槐. 货币银行学. 北京: 北京大学出版社, 1999.
[132] 尹继志. 开放经济条件下的货币政策国际协调. 上海金融, 2008(12): 36-41, 7.
[133] 喻国平, 胡海鸥. 国际货币政策协调低效的经济学分析. 世界经济与政治论坛, 2005 (1).
[134] 袁鹰. 国际货币政策协调能带来社会福利的增加吗?. 上海金融, 2007(3): 60-64.
[135] 袁志刚. 国际经济学. 北京: 高等教育出版社, 2000.
[136] 曾智华. 西方七国首脑会议形势讨论会综述. 世界经济, 1994(10).
[137] 张成思. 货币政策传导机制研究新前沿——全球新型金融危机视角下的理论述评. 国际经济评论, 2010(5): 110-120.
[138] 章和杰, 阮明烽. 现代货币银行学. 北京: 中国社会科学出版社, 2004.

[139] 张亦春, 胡晓. 非常规货币政策探讨及金融危机下的实践. 国际金融研究, 2010(3): 27-33.
[140] 张幼文. 要素流动与全球经济失衡的历史影响. 国际经济评论, 2006(3-4).
[141] 张玉柯, 马文秀. 论国际经济政策协调的理论基础. 河北大学学报, 2001, 26(1): 74-77.
[142] 赵青松, 等. 全球化与中国发展. 北京: 社会科学文献出版社, 2011.
[143] 周炼石. 经济全球化中的政策协调. 上海经济研究, 2000(8): 34-38.
[144] 周小川. 金融政策对金融危机的响应——宏观审慎政策框架的形成背景、内在逻辑和主要内容. 金融研究, 2011(1): 1-14.
[145] 朱立群. 信任与国家间的合作问题. 世界经济与政治, 2003(1).
[146] 钟龙彪. 双层博弈理论: 内政与外交的互动模式. 外交评论, 2007(2).

致 谢

时光匆匆如流水，转眼博士毕业已近一年半。离校来深圳工作后，回首一路走来，感慨良多。本书的顺利完成一直都离不开老师、同学、朋友给我的热情帮助，回首走过的岁月，心中倍感充实。

首先诚挚地感谢我的导师张礼卿教授，本书的定稿自始至终都倾注着老师的心血。张教授以严谨的治学之道、宽厚仁慈的胸怀、积极乐观的生活态度，为我树立了一辈子学习的典范，他的教诲与鞭策将激励我在今后学习工作的道路上励精图治，开拓创新。

感谢我的老师黄志刚、张碧琼、谭小芬、王辉等在本书总体逻辑、大纲、实证、博弈模型等众多细节方面给出的指导、修正和宝贵的建议；我的同窗张晗、何文彬、霍晓荣、陈洋林、高骊等从计量和研究角度方面对论文提出了诚恳的意见；感谢我的同学袁姗、朱宁在本书的数据来源和资料提供上给予了大量的帮助；感谢我的师弟师妹在本书文字处理方面给予的帮助；还要感谢我的好友于之倩、刘思嘉、刘薇、舒丹、郑龙等，感谢他们带给我的快乐和温暖。

感谢我的父母竭尽所能地为我提供良好的学习环境，他们给予我健康的体魄、诚朴正直的品质以及遇到困难时可以停靠的温馨港湾，这些都是我受益终身的财富和坚实的后盾。祝你们永远健康平安，你们陪我长大，我陪你们变老。

感谢我的工作单位深圳市经济贸易和信息化委员会给了我成长的机会，使我能够不断提升自己的业务水平。感谢我的领导徐志斌、左永兰、马君妹、肖祖平以及单位同事一直以来对我的关怀、包容、培养和帮助，他们严谨的工作作风、细致的工作态度、创新的工作思路都值得我学习。感谢我的同事王盼、陈茜、奚波、谢萌、许晓霞等对我平时的关心和支持，也使我们有机会一块成长，一块努力，一块拼搏。真正的进步是超越过去的自己，在今后的工作上，要勇于承担，勇于付出，勇于改变，抓住机遇，全力以赴。

最后感谢我的母校中央财经大学，她给我的人生添上了浓烈的一笔，给我一个更新更高的起点，让我更加从容自信地面对未来的挑战！

再次对所有关心和帮助我的亲朋好友衷心地说声：谢谢！

杜文洁

2015 年 11 月于深圳